女兒心上
名為媽媽的傷口

엄마라는 상처

내 불안의 시작과 끝

清理女兒們焦慮的引爆點，不負疚、不虧欠，
終結創傷遺傳的關係修復提案

原生家庭創傷諮商專家
盧恩惠（노은혜）——著　王品涵——譯

前言——

是誰告訴我，這樣才是乖女兒？

我在某次演講中談論關於家庭的主題時，台下有位聽眾提出了這樣的問題。

「老師，我覺得我所遇到的心理問題或人際關係的困擾，似乎全都是因為我媽，但我不太理解這是為什麼。而且，那些關於依戀會遺傳的理論[1]也讓我感到相當不舒服。」

她向我提問時的眼神充滿了委屈。長期以來，她飽受重度憂鬱與不時湧現的憤怒所折磨，不僅接受過心理諮商，也藉由閱讀許多相關書籍、聽演講學習。儘管如此，她卻表示每當接觸到「媽媽」對自己心理層面造成哪些影響時，總會出現莫名的抗拒感；甚至還曾在心理諮商的途中，因為對於探討與母親的關係而感到不適，當下決定立刻結束諮商。

嘗試與這位聽眾對話後，才發現她似乎深陷在愛媽媽與恨媽媽的矛盾情緒之中。我告訴她，這兩種心情都是自然的情緒；我也安慰她，只要覺得不適，隨時都可以停止諮商，等到內心發出「現在沒事了」的信號時，再重新開始就好。

1 一九五〇年由英國心理學家約翰・鮑比（John Bowlby）提出了著名的依附理論。依附理論認為嬰兒和幼兒會對母親或其他主要照顧者產生強烈的情感依附，這種依附關係對孩子的心理發展和情感健康具有重要作用。

一九七〇年代，瑪麗・安斯沃斯（Mary Ainsworth）透過「陌生情境」（strange situation）實驗，發現了依附關係的四種類型：安全型依附（Secure Attachment）、非安全型依附—焦慮型依附（Resistant Attachment）、非安全型依附—逃避型依附（Avoidant Attachment）和混亂型依附（Disorganized-disoriented Attachment）。研究發現，擁有安全依附關係的孩子在自尊心、社交技能、情緒調節和心理適應等方面表現更佳，而缺乏安全依附關係的孩子則可能面臨更多的心理和情感問題。

受傷的女兒為了得到媽媽的愛、與媽媽和平共處，過著無止境付出努力的人生。然而，她們的內心深處卻也存在著對媽媽的獨特情感與需求。

無論是討厭媽媽責備自己的怨恨情緒、因為媽媽讓人壓力很大而想要逃跑的心情，或是渴望被媽媽愛的需求，這些情緒表面上被「乖女兒」的面具所掩蓋，但內心深處卻想要摘下這個面具。光是存在就該被愛的「真我」為了覺醒而奮力掙扎著，不希望來自媽媽的愛是有條件的。

真我和假我對抗出的情緒矛盾

所謂真我，又稱「內在小孩」或「真實自我」。在本能上，真我會想要享受自由的生活，一旦真我的需求被壓抑，真我就會失去力量，最終被推入無意識的領域。

於是，就此形成了假我，而我們也會同時開始過著誤以為那就是自己真實樣貌的生活。假我會持續向我們發送假訊息——

「想得到媽媽的愛，就要當個乖女兒。」

「妳必須好好照顧媽媽。」

「妳的情緒一點用也沒有，拜託當個有用的女兒吧。」

然而，真我並不會允許我們因假我而失去自我。真我會在無意識的深海之中，為了拯救我們而聲嘶力竭地吶喊。

「看看我好嗎？那不是我真正想要的啊！」

「多愛我一些，我也想被愛。」

「其實我很傷心，難過得好想大哭一場。」

當我們開始聽見真我的聲音後，假我就會受到威脅。如此一來，對媽媽的兩種情緒也隨之陷入矛盾。只要活著就恨媽媽，卻因為不能恨媽媽，所以讓人處於不得不恨自己的混亂十字路口。

像是憂鬱、焦慮、恐慌等各種症狀，都是由真我與假我抗衡所造成的心理緊張感發出的訊號。唯有不再被心理的緊張感蠶食，並鼓起勇氣審視內在，我們才得以明白自己真實的需求與情緒。

女兒不該有標準規格

各位選擇翻開這本書的原因是什麼？是不是為了擺脫與媽媽間的矛盾造成的內心緊張感，重新找回平靜呢？在此，我想提供一個建議：**至少在閱讀這本書的期間，試著當一個能夠盡情討厭媽媽的女兒。**

本書收錄了女兒們如何自責、為了得到媽媽的愛而過著假我人生的故事。當妳為故事中受傷的女兒感到心疼的同時，也請好好心疼自己；試著傾聽深藏在心底的怨懟，試著在感到悲傷時盡情悲傷。

被譽為內在小孩權威的查爾斯．惠特菲爾德（Charles L. Whitfield），於其著作《跟心裡的傷痛告別：創傷療癒大師教你如何修復失衡的人生》（*Healing the Child Within : Discovery and Recovery for Adult Children of Dysfunctional Families*）[2]中提到關於真我的說明如下：

我們的真我很隨性、豪爽、熱情、樂於付出和與人交流，會接受自己和其他人。無論感到喜悅或痛苦，真我都能體察到這些感受，並且表達出來。真我欣然接受自己的感覺，不加以評斷也無所畏懼，容許每種感受存在，將其當成評估生活大事的有效方法。

2 遠流出版。

妳在什麼時候最恨媽媽？妳在什麼時候因為媽媽感到心痛？妳又是在什麼時候需要媽媽的愛與關心？

如果被問到這些問題時，腦海中先浮現的是媽媽的臉與犧牲，而不是自己的需求，代表妳已經當一個乖女兒太久了。從現在起，妳可以摘下乖女兒的面具了。

讓我們一起哀悼為了成為乖女兒，不惜奉獻靈魂而逝去的那些時光吧！接著，**撕掉「乖女兒」的標籤，並告訴自己「當一個還可以的女兒就夠了」**。

世上不存在乖女兒或壞女兒，只有「媽媽的女兒」。

前言｜是誰告訴我，這樣才是乖女兒？

目錄

第1章 我焦慮的起點與終點：媽媽

第2章

讓我心痛又心累的媽媽

第3章

現在，是時候原諒了

第4章

療癒源於媽媽的創傷

第5章 痊癒的創傷不會代代相傳

第 1 章

我焦慮的
起點與終點：媽媽

將討好媽媽視爲首要責任

惠秀飽受焦慮症所苦，難以名狀的恐懼總是冷不防襲來，偶爾也會因為過度焦慮，造成日常生活的不便。

這樣的惠秀，實際上卻是乖得讓左鄰右舍讚不絕口的「孝女」，甚至還有人對她說「我下輩子也想要像妳這樣的女兒」。惠秀以女兒獨有的細膩，無微不至地照顧著媽媽的身體與情緒。

然而，每當惠秀從朋友聚會回來後，思緒都會顯得格外混亂。**因為朋友們總是可以輕易地就抱怨起父母，但自己的心裡卻只充滿了對媽媽的掛念與擔憂。而且比起父母，朋友們似乎更重視自己的將來，這點也與自**

己不一樣。一方面覺得朋友們不懂事，另一方面卻也感覺自己對媽媽的感情好像有點過頭了。

承接母親的厭世和孤單

惠秀的媽媽為了在貧寒的環境拉拔三個孩子長大，確實犧牲了很多。因為父親的不聞不問，媽媽一肩扛起所有的責任，細心處理家務與經濟的問題，盡心盡力養育孩子。多虧有了這樣的媽媽，惠秀的家境開始逐漸好轉，經濟狀況也不再有問題。

只是，惠秀依然十分擔心媽媽。深究原因後，才發現是因為媽媽經常向惠秀訴苦——「媽媽覺得活著好孤單」、「我不知道活著有什麼意義，好想放棄一切」。

為了幫助媽媽，惠秀也曾試著鼓勵她參與一些活動課程，培養興趣。但媽媽總是一口回絕，並表示：「那些事有什麼用？反正人生就是一場空。」

哥哥和姊姊似乎也對這樣的媽媽毫不在意，每個人都忙著過自己的生活，而向來冷漠的爸爸也根本不明白媽媽有多寂寞、多悲傷。於是，惠秀便成了與媽媽一起承擔著孤獨情緒的人。

在家裡，惠秀照顧、擔心媽媽，既是撫慰媽媽的安慰者，也扮演媽媽的情緒配偶[3]。惠秀默默安慰自己「幸好媽媽身邊還有我」，但每當媽媽向她傾述自己對世界感到萬念俱灰時，惠秀就會湧現害怕失去媽媽的恐懼。

纏繞著惠秀與媽媽的情緒實在太多、太複雜了。惠秀專注在媽媽的情緒與需求上，活不出屬於自己的人生。

唯有媽媽快樂，惠秀才快樂；媽媽難受的日子，惠秀也會跟著變得憂鬱。她會帶著媽媽到處享用美食、去旅行，惠秀成了媽媽唯一的安慰者與保護者。

總是做不夠多、又做不夠好的焦慮

如果從心理層面剖析惠秀的話，我們可以將其稱為分離焦慮[4]強烈者。所謂的分離焦慮，是指因為害怕失去所愛或被所愛拋棄而產生的焦慮感。它也是種複雜的情緒，同時混合了強烈的恐懼與不適當的憤怒、憂鬱、無力、空虛等負面情緒。具有分離焦慮強烈的人，會害怕失去所愛或被所愛拋棄，為了避免這種情況，他們甚至會出現索性就斷絕關係或保持距離的行為。

3 在配偶關係裡，某一方無法得到另一方的情感支持，轉而從孩子身上索取心理需求，使孩子成為該方的情緒配偶。

4 分離焦慮症（Separation Anxiety Disorder，SAD）是指與家庭或個人分離時對於強烈情感依戀的經歷過度焦慮，這種疾病沒有特定年齡範圍。

相反，**他們也會為了不失去深愛的對象，竭盡所能地建立密切依賴的關係**。因此，惠秀無法將媽媽的不幸或心理不穩定等，視為是媽媽個人的情緒，她會不停往自己身上找原因，像是「這一切都是因為自己沒有把媽媽照顧好」、「全都是我這個女兒做得不夠好」，因為只有這麼做，她才能找到焦慮的根源。

因此，惠秀為了修復與媽媽的關係，以及維持整個家庭的心理平衡，她只能一再扮演犧牲自我的角色；最終演變成既無法肯定自己，也無法滿足自己需求的生活。

隨著關係愈親密，愈會過度地想承擔對方的需求與情緒責任。但愈是這樣，愈容易失去自我，到最後整個人只剩下空殼。這種模式，同樣會發生在職場或戀愛關係，就好像重演了自己與媽媽間的關係一樣。

她只是個無法同理他人的絕望女性

惠秀媽媽選擇女兒成為填滿自身孤獨與焦慮的對象，並不是有意識的行為，而是出於本能地尋找有辦法填補心理匱乏的對象。這個對象，就是心軟又一直在自己痛苦時給予照顧的乖巧小女兒。

如果惠秀對給出不同的情緒或做出不同的選擇時，媽媽會說出像這樣的話：

「妳不聽話的話，媽媽就什麼都不要了。」

「連妳都這樣的話，媽媽不知道自己會做出什麼。」

這些話，對於視父母的愛為全世界的女兒來說，無疑是天大的恐懼，自然會因此感到天塌下來似的絕望與害怕。

事實上，說出這些話的媽媽，在心理上是處於不成熟的狀態，根本沒有意識到孩子聽見這些話的感受、情緒及恐懼。**對媽媽來說，自身的絕望**

與需求，比孩子經歷的害怕與恐懼更為重要，因此，即使知道會引起孩子的分離焦慮，媽媽仍會利用心理的力量得到自己想要的東西。

乍看之下，這與情緒操縱（gaslighting）[5]相當類似，這指的是利用對他人的心理施壓，藉以取得自身利益。不過，分離焦慮與情緒操縱的差別在於，前者是非刻意為之的心理效應。

把媽媽當成在耍賴的小孩

經過多次諮商後，惠秀終於意識到媽媽如何為了滿足自身需求，而激發她的分離焦慮。於是，她決定要開始擺脫這種焦慮，不再受母親控制。

有些人雖為人父母，卻老是像個想要依賴子女的小孩，不僅過度依賴，甚至還會透過威脅來滿足自己的需求。為了擺脫這種父母的心理支配，我們必須把他們當作小孩來對待。

小孩向父母要求自己想要的東西時，通常會採取躺在地上耍賴的招式；如果是成熟的父母，並不會立刻答應、給他們想要的東西。儘管當下很心疼，但為了小孩有好的發展，父母必須堅持不為這種激烈行為妥協。在接受孩子情緒的同時，也必須明確告訴他們：**用這種方法，無法得到想要的東西**。

同理，當媽媽說出「妳不答應我的要求，媽媽真的會難過死」時，請試著這樣回答——

「媽，妳的意思是現在很難過吧？但如果我在媽媽的面前說『要去

---

5 又稱「煤氣燈效應」，是指以「扭曲受害者眼中的真實」來控制對方，是一種無形而難以覺察的情緒虐待手法（Emotional Abuse），使受害者懷疑自己的判斷力、思考力、記憶力，逐漸產生認知失調、失去信心、情緒不穩等現象。

死、活著有什麼意思』，妳會有什麼感覺？」

「媽媽說這種話的時候，我的確會擔心，但也會因為感到恐懼、害怕，甚至覺得很洩氣，搞得我什麼也做不了。如果需要幫忙，媽可以直接告訴我。」

假如媽媽依然沒有停止施加心理壓力，那就以看待耍賴小孩的心情從旁靜觀。媽媽其實比我們想像的還要強大，不會因為子女不受操控便放棄人生。所謂孝順，不是來自於被支配、被牽著鼻子走，而是基於愛與尊重父母的心情自然流露。

倘若是出於憂慮與恐懼才照顧媽媽，那就不是乖女兒的盡孝，而是沒辦法擺脫媽媽的心理支配罷了。我們必須擺脫這種控制。如此一來，媽媽才能培養支撐自己生活的力量，不再對我們處處依賴。

無論怎麼做，都不夠好

只要聽過受傷的女兒們聊自己的故事，不難發現其中都有一個共同特徵，那就是她們都聽過來自媽媽無數次的批評與難聽話。當她們拒絕媽媽的要求，或是表現出有違媽媽想法的其他要求時，便會換來「自私、怎麼有妳這種女兒、妳很糟、妳只顧自己、懶惰」之類的話。

媽媽的評價，形塑了關於「我」這個人的感覺；「我」對自己的感覺、評價、看法，深受媽媽所說的話所影響。接著，這一切會被記錄在想到自己時所感受到的情緒中。要消除嵌入自我情緒裡的負面感受與扭曲認知，確實是極為困難的過程。

為什麼媽媽會對女兒說出如此殘忍的話？難道不知道這些話會對女兒造成多大的傷害，永遠深深烙在她的心上嗎？

接下來，我會藉由「客體關係理論」（Object Relations Theory）深入探討對子女惡言相向並造成傷害的父母內在。

心智處在「極度主觀視角」的媽媽

主張客體關係理論的梅蘭妮．克萊恩（Melanie Klein）和奧格登（Ogden）認為：「人的心智是透過經歷三種心理位置所形成的。」這裡說的位置，是從「自閉—感官心理位置」[6]，發展成為「偏執—類分裂心理位置（paranoid-schizoid position）」與「憂鬱心理位置（depressive position）」，人類會從這三個位置體驗世界、接受情緒並與客體建立關係。

「位置」是按照順序從一個位置發展至下一個位置，根據奧格登的描述，「自閉—感官心理位置」是「人類從出生到生命結束的心理狀態根源」。

人類透過五種感官體驗世界，以這種方式累積的基本感覺形成心理，也就是心智的根基。為了理解媽媽傷害女兒的心理，我們必須跳過「自閉—感官心理位置」，先了解「偏執—類分裂心理位置」。

處於「偏執—類分裂心理位置」的人，會以極為主觀的角度看待世界。他們會按照自己的想法與評價來定義一個人。

---

6 奧格登將克萊恩理論中的兩個核心心理位置——「偏執—類分裂心理位置」與「憂鬱位置」進一步拓展，新增了一個描述人類經驗的心理位置，稱為「自閉—感官位置」。
參考資料：辛和廷、李恩華、黃慶蘭（二〇一四），《一目了然的梅蘭妮·克萊恩》，慶南家庭諮商研究所，第78頁。（참고도서 신화정/이은화/황경란 편저（二〇一四）· 한눈에 보는 멜라니 클라인 · 경남가족상담연구소）
金道愛，《在電影中尋找自己：以客體關係理論理解心靈的生成與成長原理》，第67頁。（영화에서 나를 찾다 · 대상관계 이론으로 이해하는 마음의 생성과 성장원리 · 김도애 p67 입니다.）

對於在熙來說，媽媽對她的惡言相向是家常便飯；而對於媽媽來說，女兒一直是討人厭的存在，懶惰、時間管理能力有問題，根本沒一件事做得好。如果不是靠媽媽幫她處理好所有事，在熙就是個什麼也不會的女兒。

除此之外，媽媽也認為在熙因自卑感很容易嫉妒別人，嫉妒是非常糟糕、蠻橫的情緒，媽媽甚至覺得在熙的品性很差。然而，在熙真的是這樣的人嗎？

令人意外的是，其他人口中的在熙並非如此；雖然在熙對於幫媽媽做家事的部分確實不夠熟練，偶爾會在洗碗時打破碗盤，或是沒沖乾淨，可是，獨居的在熙其實也懂得自己做飯，再加上積極正向的性格也替她贏得好人緣。在熙說：「我並不像媽媽認為的那麼懶。自己住的時候，我每天至少會下廚做一頓飯來吃，真正懶惰的人根本不可能這麼做。」

既然如此，為什麼在熙媽媽就是看不見其他人眼中的在熙呢？因為媽媽總是把她「評價」為懶惰的女兒。

以偏概全、又放大缺點的盲目

「偏執—類分裂心理位置」還有另一個特徵，那就是只看得見一個人的特定部分，而不是全貌。對於家務不拿手卻有辦法自己煮一頓飯吃、雖然不夠完美卻能把客廳整理得一塵不染，媽媽完全看不見這樣的在熙，只看到女兒沒擦窗框的粗心，並將其判斷為「懶惰又什麼都不會」。

不久前在某個知名戀愛實境節目，有名女性參加者被譽為「除了自己的戀愛外，其他都完美無缺的所羅門王[7]」；當她得知在這個節目中有名男性參加者會在禮拜天前往教會時，她的想法是「連來參加節目都會準時

7 譯註：出自綜藝節目《我是 SOLO》，形容一個人在生活各方面都表現得非常完美，就像以聰明睿智聞名的所羅門王。

上教會，代表他是無論在哪裡都有辦法堅守自己信念的人。以後結了婚，一定也會好好守護自己的家庭」。

其他女性參加者只看到堅持要去教會的他顯得有些固執，卻只有她能夠看他的整體面向。這名女性參加者沒有草率地從單一層面判斷、評價，這樣的人，往往懂得同時思考一個人的不同面向。

心智處於「偏執—類分裂心理位置」的人只會與特定對象建立人際關係，他們十分看重對方的智商、經濟能力與財產等要素。原因在於，他們認為這就是用來定義一個人的根據。**一旦他們重視的這些東西失去價值，便會選擇斷絕關係，或將其貶低為「不需要的存在」，完全不會全面考慮與對方之間的愛或情誼，以及對方的其他優點。**

此外，極端的情緒變化也是這種人的特徵。當他們需要某個人時，甚至願意卑躬屈膝，努力表現出自己最好的一面；但當這個人失去價值時，他們就會表現出自己才是無所不能的優越感。因此，處於「偏執—類分裂心理位置」的人很難維持長久的人際關係。

停留在嬰幼兒時期「生存狀態」心理的媽媽

只有在熙當個順從自己的聽話女兒時，媽媽才認同她的存在，一旦她頂嘴或提出自己的意見，媽媽就會以斷絕關係相逼，並說出「妳是不是不打算再見到媽媽了？」「我不會再來妳家！」之類的話。

媽媽因為處於「偏執—類分裂心理位置」的特徵，把在熙視為有別於真實模樣的自私女兒、懶惰女兒。於是，負面的自我形象變得根深蒂固，在熙也因此飽受折磨。

停留在「偏執—類分裂心理位置」會造成心理無法成長的原因，在於「生存狀態」，換言之，這種人始終停留在「必須存活下去」的狀態，**他**

們等同於嬰幼兒時期的孩子，唯有懂得分辨危險與不危險、好與壞，才能存活下來。

慶南家庭諮商研究所的金道愛所長於其著作《在電影中尋找自我》中，針對「偏執—類分裂心理位置」提出以下說明：

所謂「偏執—類分裂心理位置」，指的是人類透過自己的五感，將感知到的任何外在狀態、刺激區分為好或壞。

假如有人處於對周圍的一切抱持懷疑，並且不相信任何事物的狀態，便是偏執性強。此外，強烈傾向使用二分法（例如：善與惡）看待一切的人，也會經常使用分裂防禦機制。

她補充說明，即使是心理健康的人，也會在遭逢意想不到的困境，或發現自己脆弱的一面時，退化回不成熟的心理狀態。

此時的心理特徵，通常是會開始懷疑身邊的每個人，並將他們劃分為好或壞，藉此為自己的安全尋找應對方法，這是因為「生存本能」造成心理發展初期的運作體系過度發揮所造成。

殘忍的批評，是不懂得消化情緒的證明

情緒不成熟的媽媽，往往無法在心理上將自己與孩子分開。由於自己與他人之間沒有界線，只專注於自己的情緒與思考，自然不可能想到對方。

這時候的媽媽無法接受女兒做出與自己不同的選擇，或是擁有不同的想法與判斷。她們認為，必須百分之百避開自己感覺「危險、沒價值、不好」的一切。

即使女兒經歷了相同的情況，這種類型的媽媽也不認為女兒能用其他的方式處理，甚至獲得成長蛻變的機會，媽媽通常會透過由自己解決或阻

止女兒去做，來表達她們不成熟的愛。

媽媽之所以將女兒們評價為自私、糟糕又懶惰，並不是因為我們真的是這樣的人。請記住，**那些批評的話語，其實是媽媽在向我們傾述她不懂得如何處理自己情緒的形式**。

當媽媽使用話語批評我們時，可以採取一種回應方式：**讓媽媽意識到這種狀態，並且與其保持距離，直到她自己平息怒火**。

一旦媽媽開始惡言相向時，不妨試著回應她：「媽，妳現在有點太激動了。我們等一下再說。」「我們這樣很難對話。我先出去一下，等等再回來。」希望各位都能好好保護自己，免於被從媽媽本身的創傷飛濺而出的碎片所傷。

不被理解的女兒，成爲不懂理解的母親

當孩子在情緒匱乏的父母身邊成長，很少有機會充分表達自己，也因此，不了解自己內心世界的他們，總是被自己的情緒淹沒，或是以不恰當的方式逃避現實。

不懂自己的人，也不懂如何去愛

迴避自我內心世界的人，通常具有以下五項共同特徵。

（一）試圖過度控制他人。

心理資本[8]低的人，通常很難察覺自己的情緒與需求，根本不可能意識到「因為我的想法是這樣，所以需要這個」。

當其他人按照自己所說的話行動，並且在自己的控制之下時，他們會感覺被賦予力量。由於無法看清楚自己的內心，才會試圖過度控制他人來尋找內心平靜。

（二）無法正常調節情緒，容易哭泣或發怒。

不被他人理解的情緒，很容易激起他們的煩躁或怨恨，有些人反而認為自己這種模樣是「非常擅長表達情緒」，然而實際上並非如此。

不時竄湧而上的煩躁與怨恨，是拙於敘述自己情緒狀態的防禦表現，只不過是自己無從察覺的失落與嫉妒、挫折等真實情緒的偽裝罷了。

表達真實的情緒，不僅讓人有種如釋重負的感覺，也有助於理解自己。但如果是虛偽的情緒，無論怎麼宣洩出來也不會覺得豁然開朗，只會在轉身後留下愧疚與後悔。

（三）難於與他人建立親密關係。

一個人愈理解自己的內心世界，對他人內心世界的理解程度也會愈高。當不理解自己，也無法同理自己時，自然很難理解與分享他人的情緒。**內心世界愈貧乏，只會愈將他人視作滿足自己需求的「對象」，無法建立情感紐帶。**由於這種人沒辦法說出自己真實的內心話，因此常感到空虛與孤獨。

（四）對工作或興趣、購物等成癮。

當我們愈理解自己的情緒，對自己的信心愈堅定，自然會感覺整個人充滿活力。**內心世界空虛的人往往很難有自信，因為他們迴避了真實情**

8 Psychological Capital，強調的是一種正向的心理狀態，由佛瑞德・路桑斯（Fred Luthans）、約瑟夫摩根（Youssef-Morgan）教授於二〇〇四年提出的理論。心理資本包含自我效能或自信（self-efficacy or confidence）、希望感（hope）、樂觀（optimism）以及韌性（resiliency）這四種特質。

緒，因此才會轉而向外追求，像是沉迷於工作或購物、興趣、關係等。

如此一來，他們才能在從事這些行為的當下，感覺「我過得很好」。換句話說，唯有藉由在成癮狀態下分泌的強烈荷爾蒙與多巴胺，才有辦法感到滿足。

（五）無法在適當時刻保護自己。

迴避自己內心世界的人，在面臨不公平的經歷時大多很難拒絕，他們會說不行、很難、我做不到。但他們根本不清楚自己為什麼感覺困難、不舒服或是壓力。

即使知道原因何在，也會因為怕被責備、被拋棄而導致過度緊張。一旦這種壓迫觸及臨界點，就會轉變成憤怒爆發，並重複做出傷害他人的行為。

壓抑情感的情緒代代相傳

女兒們是否曾經從媽媽的口中聽過類似這樣的話呢？「妳不該有這種想法、不要再哭了、妳有什麼好為了這種事傷心」等等，如果有，對於自己的內心世界一無所知的媽媽，很有可能具備上述幾項情緒特徵。既然媽媽連自己的心都不懂了，當然也不可能理解女兒的心。

此外，媽媽會說出這種話，也可能是因為清楚自己沒有能力處理女兒的情緒，**為了逃避自己的無能與怯懦，最終只能透過嘲諷或懲罰的方式來壓抑孩子的情緒**。

女兒很容易會因此認為自己內心的情緒毫無價值，或是覺得經歷這些情緒是沒有意義的。猶如一灘無法流動的死水，由於上游關閉了水閘，所以既沒辦法獲得乾淨的水，也不能沖刷內心沸騰的雜質。

這就是「情緒代代相傳」的過程，**媽媽本身很有可能也經歷過她父母**

的這種情緒化，而造成影響，所以才會一代接著一代出現情緒匱乏的情況。

有什麼方法可以切斷這種討人厭的代代相傳呢？我每天都會見到許多人拼了命的想要切斷這種代代相傳，我自己也是。我想，妳之所以拿起這本書，或許也是因為聽見了自己的內心，才會嘗試允許澎湃的情緒洩洪。

把所有問題都歸咎在自己身上的女兒

娜賢在諮商的過程中，表示自己正在努力切斷代代相傳的情緒。從小就非常害羞的她，偶爾也會顯得有些畏縮。媽媽總是對這樣的娜賢說：「妳個性真的很有問題。」被拿來與活潑的姊姊做比較的次數更是多不勝數。

每次聽見這些話時，娜賢都會認為自己性格有很多問題、個性敏感又挑剔。當長大成人的娜賢在人際關係遭遇困境時，內心就會響起一個聲音——

「我又來了。我的個性到底什麼時候才會變？」

「我的問題這麼多，怎麼可能好好維持人際關係？」

「真希望我的性格能像姊姊一樣活潑。為什麼我是這副德性……」

遵循著內在湧現的自責與批評聲音，娜賢將自己定義成「問題」，換言之，即是將代代相傳的情緒內化在自己身上。

苛待自己的娜賢，開始缺乏對自己的信任，甚至對於自己究竟是什麼樣的人感到十分混亂。儘管周圍的人都說：「娜賢的個性冷靜，做任何事都非常謹慎」、「我比較大剌剌，真希望能像妳一樣端莊」，給予自己的正面評價，娜賢也會將其扭曲為「這些話背後的意思是什麼？」「是不是在拐著彎取笑我？」

切斷來自媽媽的情緒遺傳

持續接受諮商後，娜賢發現自己內在的混亂源自於與媽媽間的關係，現在她開始學習允許所有的情緒，並了解到保護自己的感受有多重要。

娜賢在媽媽因為自身的不成熟而指責她時，嘗試了以下幾點的做法。

（一）當媽媽指責、批評我時，將其轉化為優點來作反擊

聽見像是「妳的個性就是整天只會計較小事，有什麼用？」的指責時，娜賢會轉念為「那不是計較小事，是謹慎」的方法來保護自己。

（二）讓媽媽知道我情緒的正當性

某天，媽媽對著沮喪、難受的娜賢說了些負面的話：「妳能不能清醒點？」「像妳這樣要死不活的，怎麼在這個世界生存？」娜賢則是透過「就算沮喪、傷心也可以活得很好」、「人生不是只有幸福快樂」的回應，表達自己情緒的正當性。

同時，她也會設定明確的界線，例如「讓自己像現在這樣憂鬱一下，可以幫助我放鬆」、「在這種情況下生氣，是很自然的情緒」、「這是我的情緒，我會自己處理」。

（三）察覺媽媽嘗試以其他方式解決我的情緒

娜賢媽媽說自己會在娜賢傷心、不滿時，把信用卡給她，讓娜賢去買想要的東西。這種時候，娜賢開始懂得告訴媽媽什麼才是真正有幫助的方式，像是：「媽，同理我的情緒比信用卡更讓人感到安慰。」

（四）當我的情緒被媽媽責備時，提問並制止

有時候，媽媽會以「妳有必要為那種事傷心嗎？」的說法，責備與嘲諷娜賢當下感受到的情緒。

此時，娜賢會提出問題或要求。「我希望媽可以換種說法表達妳對我的擔心」、「如果媽是想安慰我，可以換種說話方式」、「媽是希望我更難受，還是希望鼓勵我？」勇於制止針對自己情緒的責備與嘲諷，堅定捍衛自己的內心世界。

（五）停止自我批判

娜賢偶爾會因為與父母劃清界線感到愧疚，甚至飽受「我是眼裡只有自己的自私女兒」的情緒所苦。然而，這一切並不是自私的行為，娜賢也決定拋棄只有自我防衛與自我批判才能鞭策自我成長的扭曲信念。

比起責備、懲罰自己，唯有關懷與理解自我，才能與自己建立良好的關係。她提醒自己，愛與關懷會建立對自己的信任，心靈也會隨之成長。

持續努力了幾年後，媽媽開始「謹慎對待」娜賢。當然了，媽媽依然

會對她說些像是「我現在都不知道要怎麼講妳」這樣的話。

不過，**媽媽現在會思考自己的言行對娜賢產生什麼影響，這是同理，也是愛**。於是，媽媽開始關心娜賢的情緒；當媽媽搞不清楚時，她會再次詢問與確認。就這樣，娜賢逐漸修復了與媽媽的關係。

只要像娜賢一樣堅定保護自己的信念，就能切斷長久以來流淌在母女間代代相傳的情緒，並建立情緒的新河道。只要鼓起勇氣，好好保護自己就夠了。但這段過程十分艱難，也需要時間。許多專家甚至異口同聲表示，想要切斷這種代代相傳的情緒，需要付出刻骨銘心的努力。比起這個說法，我更希望用下列這些句子來鼓勵大家——

「我只要不失去保護自己的勇氣就好。」

「這是必經過程，這是為了保護自己而發聲。」

「這場抗爭，是為了找回我失去的情緒與需求。」

「當我找回自己並且變得快樂時，才是真正讓父母快樂的孝順。」

女兒在家庭裡扮演的特定角色

書靜最近因為憂鬱與無力感暫停了工作。她說，某種「虧欠感」在休息期間依然如影隨形，即使在夢裡，也會三不五時出現被追債，或是自己沒把事情做好的景象，所以心情有些沉重。

陪伴書靜進行心理諮商的這段時間，我們探討了她的愧疚感，並嘗試了解這種情緒所要表達的意義。書靜從小面對經常吵架的父母，實在不明白他們為什麼非得繼續一起生活。

書靜想起了國中時，媽媽有次要她坐下來聽自己說話的場景。

「爸爸和媽媽想要離婚，但現在還不是

時候。因為我們需要爸爸在經濟方面的支援，還有妳的零用錢。」

書靜說，她坐在那裡聽媽媽說這件事時的情緒，和現在每天死命抓著自己不放的情緒一樣。

直到現在，她的父母都沒有離婚。只是，媽媽不久前又對書靜說了一模一樣的話，但書靜只拿了最基本的生活費而已。如果從書靜家的經濟狀況來看，其實也很難理解金錢竟然是父母不離婚的原因。

成為父母關係維繫的藉口

就在書靜談論關於自己愧疚感的故事之際，她忽然又想起一件事，那是媽媽無意間脫口而出的一番話。「再怎麼說啊，身邊還是要有老公才行。萬一離婚了，其他人就會欺負我這種沒老公的女人。」

顯然媽媽是因為不想被人看不起，所以才用書靜的生活費作為不離婚的藉口。

一直以來，書靜都扮演著連接父母關係的黏合劑。像是「不想被人看不起」、「就算是那樣的老公，也希望能有個人在身邊」、「害怕獨自生活，與老公的感情也疏離得不得了，但只要在一起就有安全感」，實際上，這些都是媽媽的需求。**因為無法覺察自己的需求與情緒，才會老是拿書靜作為藉口，不願意離開丈夫。**

「這麼多年來，我都承受著根本不是自己該經歷的愧疚……我真的覺得太委屈了。」書靜表達了被母親當作特定角色對待的委屈，以及對自己的惋惜。

有時，我們確實會在家中扮演某種角色。有些孩子會被貼上「問題兒童」的標籤，藉以緩和家庭內的緊張情緒，試圖將父母間的衝突造成的緊張感轉移到自己身上，進而連結父母關係的無意識機制。

問題兒童放棄了自己的人生，只為了換取父母一起為了自己煩惱時，短暫出現的平靜與親密感。然而，卻只是稍縱即逝的一瞬間。

自認必須拯救家庭的角色設定

有些女兒扮演的角色，是家庭的英雄、父母的救星。從小看著母親遭受父親發酒瘋與暴力相對的女兒，努力想成為母親的救星。於是，她們對自己設定嚴格的高標準，為了功成名就拚命奮鬥。

然而，當女兒將媽媽的人生視為自己的人生一併扛起時，往往會因此在成功的路上感到有心無力。其實，「救星」本來就不是女兒該扮演的角色，女兒只要過自己的人生就夠了，但有些女兒卻因只專注於自己的人生而感到愧疚。

另外，也有些女兒成為了家庭的犧牲者。由於無法明確劃分媽媽與自己的情緒，便直接將媽媽的情緒當作自己的情緒。唯有媽媽快樂，自己才會快樂；一旦媽媽的情緒低落，自己也會變得鬱鬱寡歡。

人際關係諮商專家權景仁教授於《媽媽永遠在這裡》（엄마가 늘 여기에 있을게）中，對於扮演犧牲者角色的子女提出以下見解：

當媽媽哭泣時，情緒受到波動的孩子也會跟著哭泣。當媽媽哭就跟著哭，當父母其中一方抱怨時，便給予回應（……）這樣的孩子，被父母稱為孝子、孝女。然而，在家庭諮商中，這樣的孩子卻被稱為「犧牲者」。

當子女認為父母的悲傷與挫折都是自己的錯時，當無論再怎麼努力也無法解決家庭的不和睦時，便不得不選擇犧牲自己這個方法。

內在小孩的專家約翰·布雷蕭（John Bradshaw）於其著作《擺脫羞恥感》（*Healing the Shame That Binds You*）中，對於子女扮演這種角色的原因提出以下說明：

家庭功能的失衡，使得來自這種家庭的孩子會嚴格要求自己肩負起維持家庭內部平衡的任務。舉例來說，孩子會放棄自己所需要的一切，藉以維持家庭的隱性平衡，試圖扮演父母的幫手、英雄或安靜的孩子。

他補充說明，家庭中最軟弱、情緒最敏感的人，往往也最容易成為這種角色。由於擔任這種角色的過程是在無意識中形成，因此若沒有仔細觀察的話，根本無法察覺這件事。此外，也因為擔任這種角色的成員將其視作自己的生存方式，所以很難輕易放棄。

我希望各位能問問自己以下的問題。

- 萬一媽媽不快樂，我會變成什麼樣的女兒？
- 對我來說只想著自己的夢想與想要的人生，代表什麼意義？

・假如我的成就通通化為烏有，父母會有什麼反應？

如果想到這邊了依然感到混亂的話，不妨試著回頭思考一下自己在家中扮演什麼樣的角色。無論是什麼角色，這一定都是妳愛父母的方式。既是為了得到父母的愛的唯一途徑，也是為了存活下來的生存之道。

但我想告訴各位，現在可以放下這個生存之道了。

在非常時期確實需要採取非常手段，換句話說，如果父母的衝突結束了，自己也過著不再需要依靠父母的獨立生活，那就該回歸真正屬於自己的人生。

我希望妳可以想一想，自己是否還在扮演家庭中「那個角色」在過生活，以及現在是否是時候放下這個重擔了。

來自媽媽有條件的愛

在我們的內心深處，總是渴望能有一個全世界最愛、最珍視我們的人。即使不用言語表達，這個人也能明白我們的想法與願望，並且真心愛我們。

不久前，諮商者孝貞提起了一部電視劇[9]。她表示，自己對於劇中的某一幕感到十分悲傷。在劇中，女主角無論是在與父母的關係中，或是在自己的人生中，都表現出內心匱乏的模樣。女主角對於這一切感到絕望，一文不值的自己彷彿是沒人喜歡的存在。

9 此韓劇為《我的出走日記》（나의 해방일지）。

直到有一天，女主角找上了整天喝酒度日的男主角，對他說：「崇拜我吧！」要求對方用崇拜填滿自己的內心。

就這樣，男、女主角開始建立起關係。她想被填滿的究竟是什麼？我認為是無論如何都無法填滿的空虛感。

面對不成熟的媽媽，無法坦然分享喜悅

提起這一幕的孝貞表示，對於女主角一字不差地說出自己的心情感到驚訝。無論做什麼都覺得情緒處於匱乏狀態的她，經常期待是不是能藉由工作、興趣、朋友或是情人填滿這個空缺？然而，卻一次次落得失望收場。

儘管孝貞結了婚，依然是情緒不成熟媽媽的女兒。某天，孝貞回家後，發現媽媽的臉色鐵青、語氣與表情都籠罩著滿滿的負面情緒，接著媽媽甚

至說，自己暫時不想再和孝貞說話了。媽媽只是重複說著：「妳只在乎妳自己。」在當天晚上，孝貞終於從與丈夫的談話之中找到原因。

原來，媽媽向女婿詢問了孝貞的薪資。近期升職的她，薪水也跟著調漲，但孝貞始終對於媽媽在經濟面上依靠自己而感到壓力，因此並沒有將這件事告訴媽媽。然而，不知情的丈夫為了讓岳母知道孝貞的能力有多好，才會坦白說出她的薪資。

對岳母了解得不夠透澈，以致孝貞丈夫一時失言，因為他不知道岳母會為了女兒薪資與自己收到的生活費用金額不成正比，而對女兒感到心寒與厭惡。

孝貞向丈夫解釋了媽媽的這種性格，並且叮嚀他在談論哪些話題時必須格外謹慎。聽完這番話的丈夫則表示，對於太太無法盡情與自己的媽媽分享喜悅，甚至必須隱瞞喜悅一事，感到十分心痛。

填補媽媽需求的女兒

孝貞媽媽是造成子女情感匱乏的典型父母，對於這種人來說，「愛」的本質被忽略了。他們對於愛的概念，例如：忍耐、犧牲、為他人喜悅而慶祝、祈願他人幸福，感到相當陌生。

儘管他們自認為是在付出愛，但唯有對方滿足了自己對其功能或扮演角色的期待，愛才會存在，就算這個對象是子女也不例外。

這些角色與條件，包括期待某天能拯救可憐媽媽的女兒、賺錢為媽媽買間房子的女兒、為沒出息的媽媽出一口氣的優秀女兒等，只有在滿足這些條件的情況下，媽媽才會愛女兒。

對孝貞媽媽而言，期望女兒滿足自己的需求是再自然不過的事。一直以來都在填補媽媽匱乏的孝貞，漸漸忽略了自己的匱乏。**對於習慣先付出才能換回有條件的愛的孝貞而言，無條件的愛就是她匱乏的根源。**因此，孝貞才會出現想像電視劇女主角一樣受人崇拜、願意無條件愛自己的強烈渴望。

「媽媽犧牲了（／試圖榨乾）我的人生，只為了填補她的匱乏。我覺得非常悲傷的是，好像沒有人無條件的愛我、尊重我、接納我。」

孝貞好像到現在才終於看清媽媽的真面目，換句話說，**她意識到自己面對的，是會為了小事感到失望、偶爾甚至還會利用女兒的媽媽**。身為不停被用來填補媽媽匱乏的女兒，孝貞終於開始懂得心疼自己。

從現在開始，孝貞決定不再為媽媽的失望負責，她提醒自己，**這份失望，既是過度的期待，也不是自己需要承擔的責任**。孝貞不打算急著滿足媽媽的需求，而是靜靜等著媽媽親自向她要求增加生活費。

為了自己，也為了媽媽，孝貞決定不時讓媽媽的期望落空。她耐心等待，直到媽媽意識到自己必須放棄對女兒的某些要求，孝貞也下定決心抹除自己是「不願意給媽媽某些東西的壞女兒」的扭曲情緒。

必須一起對抗爸爸的念頭

受傷的女兒經常提到「感覺自己和媽媽是一體」，而爸爸則是扮演欺負可憐母女的邪惡勢力。為什麼會有這種現象呢？

提出家庭治療理論(Family Systems Theory)[10]的莫雷．包文（Murray Bowen）認為，當家庭成員成為「未分化的家庭自我群體」時，就會出現家庭問題。未分化的家庭自我群體，是指家庭成員間如同一個群體般，處於深受彼此影響的狀態。

一個人的自我分化（differentiation of the self）[11]程度愈高，愈能明確劃分自己與爸爸或媽媽的情緒；這種人不會與父母的情緒融合，而是保持獨立的思考與情緒。即使媽媽的情緒低落，他們也不會因此感到焦慮；即使爸爸發脾氣，他們依然可以順利完成功課或工作等必須做的事。

然而，擁有未分化情緒系統的家庭成員，往往很難接受自己與他人情緒不一樣的事實。其中，尤以女兒受媽媽情緒的影響最深。

當爸爸出現暴力或酗酒、賭博、外遇等問題時，媽媽與女兒很容易就會變成一體；**憐憫媽媽的女兒，最終走上為了滿足媽媽需求而活的人生。一旦類似的情況重複上演，漸漸就會變得習慣，並從此失去自我。**

---

10 家庭治療是一種心理治療方法。藉由分析家庭中各成員之間複雜且缺乏平衡的關係，來了解個別的病態角色與精神病理，協助解決影響家庭心理健康和功能問題。主要目標是創造更好的家庭環境，解決家庭問題以及了解家庭可能面臨的獨特問題。

11 在自我分化的核心概念是「情緒獨立」，低自我分化的人很容易受到他人激烈情緒影響；高自我分化的人，則能平靜地辨別理性與感覺的差異，能堅定且自由的做出決定。

「站在媽媽這邊」的代價

低自我分化的媽媽，大多沒辦法接納女兒的情緒；此外，她們也無力獨立處理因丈夫或他人所引起的失落與悲傷、憤怒，因此她們會選擇女兒作為代罪羔羊，藉以抒發自身情緒。

父母大吵一場後，女兒會抱著媽媽輕拍安慰，一邊幫媽媽擦去眼淚、一邊陪著媽媽一起落淚。在內心深處，女兒痛恨折磨媽媽的爸爸，成為媽媽的情緒共同體，無論這個女孩是四歲、七歲或十歲。

低自我分化的父母，無法察覺子女面對父母爭執時有多麼害怕；孩子在情緒的漩渦裡全身顫抖，用小小的軀體承受恐懼。

有些父母甚至會在孩子面前不停表達自己的悲傷，而孩子卻只能凍結自己的情緒。如果父母意識到這一切對孩子來說是多麼殘忍的情緒虐待，他們一定會竭盡所能避免在孩子面前發生衝突。

這些傷痛，必須等到孩子長大成人後才能靠自己解決；終其一生都承受著失控的情緒、彷彿沒有盡頭的孤獨感、深入內心且揮之不去的愧疚感，以及因不安而凍結的情緒，可是卻始終不明白這些情緒到底從何而來。**女兒沒有意識到，媽媽試圖透過「讓孩子站在她這邊」來緩解自己的緊張與焦慮。**

因為這些女兒是靠著媽媽說「媽媽是為了妳才活下來」、「因為有妳，媽媽才有辦法熬過來」，才得以在吸收媽媽的情緒後繼續撐下去。女兒們在這些話中找到自己的存在感，因此也才無從察覺這種心態有多殘忍，同時卻又忍不住責怪自己沒能好好控制情緒。

其實，妳沒有這麼恨爸爸

包文認為，當家庭發生衝突時，嘗試拉攏他人來緩解緊張與焦慮的關係類型是「三角關係」（Triangles）。

被捲入三角關係的女兒，因為承受不了自己對爸爸的怨恨，而為此感到痛苦。直到接受心理諮商後，才逐漸意識到這種三角關係的結構。於是，女兒釐清了爸爸不是惡魔，媽媽也不是天使的事實。**當意識到母親只是個脆弱、不成熟，並且渴望得到自己照顧的人時，如此顛覆過往所有的認知，更是讓女兒陷入痛苦的深淵。**

原因在於，女兒一直以來幾乎是靠著與宛如天使般的母親間的緊密連結，才有辦法勉強撐下來，現在卻再也不能依附著爸爸或媽媽任何一方，挫折與悲傷帶來的痛苦，就像被人遺棄在荒郊野外一樣。

不過，若是能夠在崩毀的地基上重新站穩腳步，便能逐漸看清在與媽媽的情緒共同體背後的爸爸。**女兒對爸爸的情緒，百分之三十源於本身對父親的怨恨，而剩下的百分之七十則是來自媽媽的憤怒。**

後來，女兒開始建立自己與爸爸間的關係。當女兒放下媽媽的憤怒後，腦海中浮現的，是慈祥的爸爸照顧與關心她的模樣，同時也看見了在母女共同體面前，爸爸始終孤獨、憂傷的背影。

直到受傷的女兒明白了自己對爸爸憑空出現的怨恨從何而來後，她忽然有種被解放的感覺；儘管她恨爸爸，卻也對於自己曾經有過被愛的回憶感到慶幸與感激。

擺脫媽媽的情緒，面對真實的爸爸

第一次接受諮商時，昭賢表示自己覺得遭受爸爸暴力對待的媽媽非常可憐。然而，她卻在諮商的過程中，逐漸想起媽媽將爸爸的情緒推向極端的模樣，以及在爸爸試圖停止衝突時，媽媽卻繼續緊追著不放，並且使用粗言穢語辱罵他的畫面。

於是，以可憐與同情包覆著媽媽的包裝紙被拆開了。昭賢看見媽媽因為無法處理自己的情緒，所以轉而宣洩在爸爸身上的模樣，同時也開始感受過去未曾察覺到自己對於爸爸的複雜情緒。

對於昭賢來說，爸爸是太過令人恐懼的存在，也是折磨媽媽的存在；不過，她也開始見到爸爸的神情因為媽媽而變得痛苦不堪。昭賢終於意識到，爸爸也曾經歷過與她相似、因媽媽而造成的心理創傷。一想到總是獨自面對的爸爸有多孤單，她不禁也有些心疼。

昭賢鼓起勇氣聯絡了爸爸。幸好爸爸接起了電話，也對於自己的行為曾經造成女兒的恐懼表達歉意。

與此相反的是，媽媽卻不願意接受昭賢曾經受過的創傷；甚至還在得知昭賢與爸爸保持聯絡後，氣得說出「那我們斷絕母女關係」。因此，昭賢決定開始與媽媽保持距離。

起初，昭賢對於整件事演變成這種局面感到十分混亂，不過她漸漸接受了媽媽不是完美無缺的事實，也很感激現在能與爸爸正常互動並重新建立關係。

正如這個案例所示，**在受傷的女兒對父親的怨恨與憤怒之下，往往夾雜了媽媽的情緒**。她們終有一天會以自己的步調擺脫憤怒的陰霾，看清楚爸爸真正的模樣。

當女兒放下媽媽的情緒，並與爸爸重新建立關係時，自然就能找回自己一直渴望的父親。爸爸也可以找回像被媽媽奪走的孩子一樣，好好享受父女重逢的喜悅。

遍體鱗傷的女兒

受傷的女兒，往往會在情緒、需求、自尊感、人際關係等各種領域面臨困境，我將這種情況稱為「倖存者內疚」（survivor guilt）。首先，我想談談關於受傷的女兒在心理層面所經歷的難題。

自我批判已經成為習慣

受傷的女兒，幾乎不曾有過被任何人理解或接受自己負面情緒的經驗。從小開始因生活境遇所經歷的痛苦，更是多不勝數。**父母間的衝突與各種無形的情緒虐待，逐漸形**

成負面的自我形象──「發生這些事，都是因為我有問題」。

一旦人際關係出現矛盾或在某些情況發生問題時，負面自我形象會導致人們開始責備自己。即便是與自己無關的事，也會不斷以「一定是我做錯了什麼才會發生這件事」「我到底哪裡做錯了？」「為什麼我老是這副德性？」「像我這樣的人，根本不該存在」等方式指責自己，於是便很容易過度為他人承擔責任或犧牲自己。

這種類型的女兒需要釐清的是，究竟是誰該為她們過去經歷的痛苦負責。同時，也需要願意給予堅定支持的父母，像是告訴她們「不是妳的錯」、「不是因為妳才發生這些事，而是因為爸媽不夠好、不夠成熟」、「妳是個堅強的孩子，沒有向痛苦的人生課題屈服」。只是，這些撫慰與釐清事實的過程，一直以來都被忽略了，受了傷的她們只能從自己內心尋找那些難以承受的情緒痛苦的根源。

失去表達情緒的機會

受傷女兒的媽媽，大多對於自己的情緒與內在世界沒興趣或不成熟。因此，才會無意識地強迫女兒來安慰自己，甚至希望女兒配合自己的需求與情緒。經常為了配合媽媽而壓抑自己的女兒，即使在長大成人後，也會對於處理自己的內在世界顯得不知所措，因為她們從來不被允許如實表達情緒與需求，並從很小開始就不得不讓自己的內心變得麻木。

於是，她們被灌輸了憤怒、埋怨、嫉妒、失落等表達自己狀態的情緒是「糟糕、醜陋的想法」；既然坦白會換來媽媽的失望與難受、懲罰，所以她們也早已習慣壓抑情緒。

我們必須銘記一件事——**妳的任何情緒都值得被接受與理解**。

請試著想像一名三歲的孩子，當他開心時會盡情地大叫大笑、難過時放聲大哭、嫉妒時就噘嘴、失望時就悶悶不樂地蜷縮著身體、不高興時就轉身生悶氣。這些情緒，都是孩子實際感受後的表達方式。

情緒，是孩子表達存在的方式，請務必記住，妳的情緒同樣需要受到尊重與關懷。

我們之所以認為有情緒不好，認為情緒毫無價值，那只是因為我們的情緒不曾受到尊重罷了。唯有明白這點，受傷的女兒才能練習賦予情緒的正當性、允許情緒並認同情緒的價值。

經常覺得空虛，需要感受自己的存在

受傷的女兒經常會出現內心空蕩蕩的感覺。當一個人愈習慣壓抑與隱藏情緒，愈會漸漸失去自己獨有的感受。

這是因為我們曾經歷過表達情緒是一件既危險又會被懲罰，或者造成他人困擾的事。可是，**只有當我們清楚地認知自己的情緒與需求時，對於「自我」的感覺才會變得明確。**

為了在空虛感與無價值感中找到「活著」的感覺，受傷的女兒各自選擇了不同的方式。無論如何，她們只是渴望感受自己的存在感。

儘管這些方式有時會招致自我毀滅，但這也比無止境的空虛來得好。有些人會透過自殘瞬間的刺痛感，來感受自己依然活著。

身為心理學家、精神分析學家的布魯斯．D．培理（Bruce D. Perry）於其著作《你發生過什麼事：關於創傷如何影響大腦與行為，以及我們能如何療癒自己》[12]（*What Happened to You?: Conversations on Trauma, Resilience, and Healing*）中，以神經生理學的角度分析反覆自殘的原因。

> 通常只有在發生無法逃脫、無法避免的壓力與疼痛時，才會使用這種「解離」反應。你的心靈與身體要保護你。解離會釋放類鴉片肽（內啡肽

與腦啡肽）。當他們割傷自己，身體會釋放大量類鴉片肽。幾乎像是吸了一點海洛因或嗎啡。割傷引起的類鴉片肽「暴衝」，實際上有調節的效果。帶來安撫。對於某些人而言是獎賞，讓他們覺得很舒服。

有些女兒不是選擇自殘，而是藉由沉迷於購物或社群軟體、性關係時分泌的強烈荷爾蒙來感受自己活著；有些女兒則是埋首於追求成就，藉以填補內心的空虛。

同理，有些人戴著厚重的面具，活在父母對自己的期待之中。為了迎合他人的需求而活，以面具取代自己的存在。

一旦開始與自我完全隔離，無法直接感受深陷在痛苦與空虛的感覺

12—悅知文化出版。

時，身體便會發出訊號。這種人大多會過度憂慮自己的健康狀況，或是明明經常感到不適，卻找不出明確的病因。

儘管受傷的女兒對自我的感覺麻痺，也感受不到任何情緒，卻始終努力不放棄生活。

謝謝遍體鱗傷也努力活著的妳

我們擁有的生命力會找到自己感受「活著」的方式，如前文所說，有些人會選擇自我毀滅的方式，然而又有誰有資格批判或指責這種方式錯了呢？畢竟，這就是當事人生命力強韌的最佳證據——即使遍體鱗傷，也渴望繼續活下去。

在療癒內在的過程中，這些傷痕有時也會重新掌控我們情緒與內心世界的主導權。愈是這種時候，我們愈該看清楚自己是如何應對痛苦，如此一來，才有辦法停止慣性的思考模式與行為。

於是，那些原本猶如勒緊脖子般被支配的念頭與情緒，逐漸得到掌控與調節。即使妳在當下依然選擇使用過往的方式保護自己，甚至覺得自己迷失了，但只要經過幾天，便能再次意識到這一切——妳會逐漸明白，妳是如何在遭遇困難時壓抑情緒、妳的思考模式如何摧毀自己。

無論妳的創傷是什麼，我都由衷希望妳能意識到，這些都是大腦為了幫助妳熬過猶如牢籠般的童年時期所創造的保護機制。這不是妳的問題，也不是妳很糟，更不是妳的性格缺陷；這一切，不過是妳在這場戰爭中奮力存活下來的痕跡罷了。

真希望妳能用慈悲、敬佩的態度看待自己。我甚至無法想像，妳在情緒的戰場上經歷無數責備與鄙視、憤怒的亂箭齊發時，該有多麼害怕與痛苦。但我想告訴妳，謝謝遍體鱗傷、也依然努力活著的我和妳。

第 2 章

讓我心痛又心累的媽媽

被害者媽媽，加害者女兒

始妍的媽媽最近因為生意不好，所以聯絡了她：「最近快撐不下去了，妳先匯兩、三萬給我。身上連這點錢也沒有的話，我真的快焦慮死了。」

面對媽媽的要求，始妍有點驚訝；她十分清楚，媽媽的生活並不會因為生意不好就出現困難。**一方面覺得突然要求幾萬塊的媽媽有點過分，另一方面又責怪自己怎麼可以有不想給錢的想法**，對於剛踏入社會的始妍來說，立刻拿出幾萬塊也是不小的壓力。

「拒絕我的女兒，就是自私的壞人！」

始妍已經厭倦媽媽總是提出高強度的要求，只是，她也好怕讓媽媽的期望落空。面對老是使用極端方式表達情緒的媽媽，始妍不得不被媽媽的要求拖著走。經過諮商後，她開始學習鼓起勇氣拒絕媽媽的部分要求。

「媽，突然要拿出兩、三萬，我有點不方便。能不能先讓我知道妳需要這幾萬塊的原因？如果是生活有困難，我可以把這筆錢當作生活費給妳。」

始妍沒辦法每次都完美拒絕媽媽的所有要求，所以她會以自己做得到最基本的拒絕，來表達底線。儘管如此，她依然表達了自己願意幫助媽媽的想法。不過，得到的回應卻讓始妍十分崩潰。

「跟妳要個兩、三萬，妳就乖乖給我就好。問那麼多幹嘛？妳很想看自己的媽媽焦慮得頭痛到死，然後再來後悔嗎？這種時候，我都覺得妳真的好自私，就跟妳爸一模一樣！」

始妍說她在當下非常難過，也立刻明白了為什麼她一直認為自己是「自私的女兒」。從那次後，始妍為了保護自己，決定暫時與媽媽保持距離。不久後，始妍收到了一個訊息。媽媽在訊息上寫道：「住隔壁的大叔說要給我三萬塊。像妳這種女兒，比隔壁鄰居還不如。」

不得不扮演英雄與救星的女兒

像始妍媽媽一樣的情緒不成熟的父母，會在關係模式中創造受害者與加害者。同時，也會在彼此間創造「救星」的角色，反覆上演扭曲的角色扮演。溝通分析學派的心理學家卡普曼（Stephen B. Karpman），將這種心理遊戲稱為「戲劇三角」（Drama Triangle）。

在戲劇三角中，會出現迫害者與救援者、犧牲者。犧牲者會無意識尋找壓迫自己的迫害者角色，或者尋找能夠驗證內心「我無法獨立」這個扭曲心念的救援者。

撇開始妍不談，始妍媽媽一直以來都是高度焦慮的人。由於她不知道如何處理焦慮，因此才需要一個對象來替自己解決這件事。這個對象就是非常愛媽媽，所以願意答應媽媽所有無理要求的始妍。

媽媽希望始妍可以替她的人生做出大部分的決定，從繳稅、繳水電費

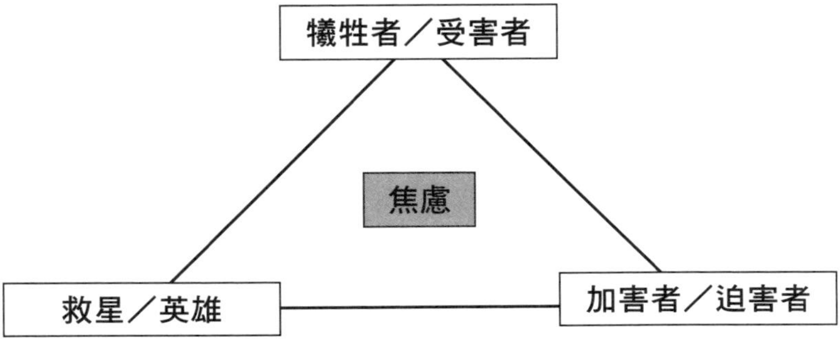

【關係中的戲劇三角】

到該不該繼續做生意等，始妍不得不成為拯救媽媽焦慮的英雄。

一旦始妍對媽媽的要求露出不悅的神情，媽媽就會變得相當兇狠，立刻指責始妍是「連媽媽也不幫、拋棄媽媽的壞女兒」，將她定義成加害者。

每當這種時候，始妍都會覺得自己就像拋下可憐媽媽獨自一人的惡魔；**為了不要成為加害者，她不得不成為援助悲慘媽媽的救星。**

持續接受諮商後，始妍開始懂得分辨自己拒絕媽媽時，源源不絕湧現的扭曲想法。釐清思緒後，始妍重新對媽媽開口：

「媽，如果妳需要錢，請妳告訴我需要這筆錢的原因和金額。三萬塊是我現在一下子拿不出來的金額。我能給的，大概是一萬塊。不是不想幫，但這已經超過我的能力負擔範圍了。而且我現在沒辦法給妳三萬塊，也不代表我是自私的女兒。」

說完這番話的始妍，忽然有種解放的感覺。因為她終於知道怎麼做才不會掉進媽媽的戲劇三角。

雖然後來依然會收到媽媽提出某些要求的聯繫，但始妍的態度也變得不一樣了，她不再為了「必須成為媽媽的救星」而壓迫自己。始妍努力保持身心平衡，避免掉入媽媽使她淪為加害者的模式之中。同時，也相信媽媽能夠獨立自主，並且逐漸擺脫戲劇三角。

開玩笑的媽媽，感覺受辱的女兒

家庭治療專家萊曼·韋恩（Lyman C. Wynne）自一九五四年起，開始投入研究思覺失調患者的家庭。在研究的過程中，他尤其關注家庭內部的溝通類型與角色關係，並於一九五八年提出「假性共同」（pseudomutuality）與「假性敵對」（pseudohostility）的概念。

假性共同是指稱家庭成員間的親密互動虛假，而非真實。出現假性共同情況的家庭，往往會專注於表現出彼此間親密的模樣，因而形成一種為了避免衝突而維持親密關係的家庭氛圍。

讓人感到受傷的玩笑

假性敵對是常出現在受傷女兒身上的關係模式之一。這是指家庭成員間以疏遠或敵對的方式交流，而不是使用真實的情感互動。他們無法在溝通的過程直接表達真實想法與親密的感受。

因此，**他們會透過傷害他人的方式進行溝通，以滿足自己對親密關係的渴望**。這種使用「間接表達」來掩飾不滿意的地方或感受，往往也會令對方感到困惑。

彩璘經常分不清媽媽的玩笑話究竟是稱讚或責備。例如：「天啊！妳的屁股怎麼像河馬一樣大啊？」「非洲人看到妳的捲髮，一定會忍不住想跟妳當朋友。」

一想到聽見媽媽說出這種話時，全家人邊笑邊附和的模樣，總是讓彩璘感到不悅。然而，一旦她露出不高興的神情，馬上又會換來「只是句玩笑話，妳有必要這麼敏感嗎？」的指責。為了避免這種情況，彩璘通常只會露出尷尬的笑容。

這是使用假性敵對的典型溝通方式，**情緒不成熟的媽媽因為不知道該如何表達自己的感受，所以使用對女兒造成傷害的方式溝通。**

對彩璘來說，與媽媽的溝通總是令她感到受辱。她想和媽媽分享善意的話語，並互相認同彼此的想法。然而，只要一和媽媽對話，彩璘內心就會浮現對媽媽的敵意，以及對自己的羞恥感。

妳可以坦白自己的不舒服

在諮商的過程中，彩璘花了很多時間才終於認同自己所經歷的不舒服感受，原因在於，她與媽媽已經使用這種方式相處太久了。一直以來，彩璘都將自己定義為「對其他家人可以一笑置之的笑話過度敏感的怪胎」。**在這種家庭氛圍中，表達自己的不舒服需要極大的勇氣**。為了打破一家人的假性親密，彩璘逐漸鼓起勇氣，一家人原本牢固的溝通方式也因此開始出現裂痕。

「『河馬』那句話，讓我很受傷。」

「這麼直接的表達方式，我覺得有點不舒服。」

「我希望不要再拿我來開玩笑了。」

起初，家人們都認為是彩璘太敏感，甚至把她標籤成搞砸家裡氣氛的麻煩製造者。然而，彩璘沒有停止表達自己的情緒，之後家人們也不會再對她說出傷人的話了。

無法明白孩子們聽到傷人話語時的感受的父母，比想像中來得更多。此外，**互相傷害、挖苦，並分享假性親密的溝通方式，在你我的家庭裡無處不在**。只要有一個像彩璘一樣願意揭開真相的人，便能澈底扭轉家庭氣氛。

犧牲的媽媽，愧疚的女兒

在電影、電視劇裡，經常塑造母親犧牲的形象。像是把好吃的菜留給女兒，或是擔心女兒見到自己受苦的模樣會心疼，所以刻意隱瞞。

犧牲奉獻、獨自忍受所有痛苦並用愛的力量克服艱苦人生的媽媽，是多數人嚮往的母親形象。然而，踏進諮商室的某些女兒，反倒被母親這種犧牲的模樣折磨。她們說：

「媽媽真的為我犧牲很多。為了讓我讀書，每天工作到三更半夜，還替我準備三餐。可是，我卻因為沒辦法滿足媽媽的期待，感到十分愧疚。」

在她們的記憶裡，留下的是媽媽為了孩

子奉獻犧牲的疲憊、辛勞模樣；因此，她們必須竭盡所能地努力，才能成為媽媽的力量。

女兒陪著媽媽一起去市場，從旁協助一些簡單的事；深夜時，也會出門接媽媽回家；等到發薪水的日子，會買媽媽想要的衣服和包包作為禮物；休假時，也總是選擇與媽媽旅行，而不是和朋友一起玩。儘管如此，卻依然無法抹除虧欠媽媽的愧疚感。

「為了孩子犧牲」這個藉口

然而，有些媽媽卻將自己的欲望、焦慮包裝成「為孩子犧牲」，藉以表現情感親密[13]。這些努力，實際上是因為媽媽害怕真正的情感親密。

舉例來說，明明家裡經濟狀況穩定，各方面也都相對寬裕，但媽媽依然不肯為自己花錢；甚至連女兒送的禮物，也以「浪費錢」為由，拿到百貨公司退貨。

這種父母的內心深處，存在對孩子與他人的不信任。孩子為了父母的努力，並不會成為他們的力量；即使孩子開始賺錢後，他們也會推辭孩子給的零用錢，有時反而還會為此責備孩子，始終無法以感恩的心回應孩子的用心。

在成長過程中看著父母犧牲的孩子，經常會將這種犧牲視為心理的債。其實，**比起單方面的犧牲，孩子更希望見到父母幸福快樂，盡情享受自己的人生，並且堅強站穩腳步的模樣。**

犧牲與愛是息息相關的，所謂的愛，是父母再怎麼辛苦都好，只要看著孩子就能熬過難關；是孩子不需要心疼父母，只希望他們幸福快樂。

代代相傳的應該是愛，不是愧疚感

女兒背負著責任感，認為自己必須為媽媽艱苦的人生負責。她們覺得媽媽是因為自己才過得這麼辛苦，每當見到媽媽的身影時，總有沉重的愧疚感壓著胸口。

問題在於，這種情況會代代相傳。**為自己犧牲一輩子的媽媽形象，深深烙印在女兒的心裡，讓女兒也很難好好照顧自己的心。**

在諮商的過程中，我常聽見這樣的話——「我的心好亂」、「拒絕爸媽的話，感覺自己像做了什麼壞事一樣」。她們認為，照顧好自己的情緒與需求，等同於背叛父母的自私行為。

13｜Emotional Intimacy。是指人際關係中，以信任為基礎，情感互動交流的程度。

因此，女兒愈來愈習慣為他人奉獻的人生，逐漸變成不表達自己的難處、想法與情緒的人。**雖然在大家眼中是乖巧、體貼的人，結果又再次為了照顧他人而失去自己。**

真正的犧牲，是即使自己很辛苦，但一想到孩子看見自己這副模樣會心疼，便忍住眼淚；是即使非常疲憊，但想到孩子會為自己擔心，便能重獲展露笑容的力量。無論生活多艱難，父母依然會因為孩子的存在本身感到滿足，並對人生抱持感激之情。藉由這些努力向孩子展示什麼是愛，才是犧牲的本質。

讓孩子覺得自己無法為父母的人生帶來任何正面影響，並不是種犧牲；這不過是父母無法照顧好自己，才選擇孩子作為自己人生的寄託罷了。

因此，充實與豐富自己的人生，就是最好的孝順之道；如實感受自己的情緒並懷抱夢想，活出真正的自己，這樣的欲望，一點也不自私。

永不滿足的媽媽，有本事的女兒

「有些時候我很喜歡自己，有些時候我又好討厭自己；我一下子覺得自己是世界上最厲害的人，一下子又覺得自己像廢物，整個人好混亂。這樣的自尊感是高還是低？」

珠玄是年紀輕輕就表現卓越的成功企業家，周圍的人對她羨慕不已，但她內心的真實想法卻不是如此。對自己的質疑，逼得珠玄每天都必須嚴厲地對待自己。

當得到他人的讚賞時、能力受到認可時，珠玄會覺得自己「有存在感」、「過得很好」、「是個好人」；一旦這些正面情緒消失了，她便會陷入極端的情緒，認為自己的存在毫無價值。

渴望認同，是為了保護自己

像珠玄這樣的人，無論在哪裡都需要他人的稱讚；為了獲得他人的認同，甚至會不斷追求令人驚嘆的成就。因為唯有達到這些目標時，才能透過被認同來確認自己的存在。雖然這種方式可以確認存在感，但只要這個方法失效了，自己的存在感就會受到威脅，最後陷入憂鬱的深淵。

精神分析學家海因茲．寇哈特（Heinz Kohut）認為，為了在出生初期保持幸福的狀態，孩子會嘗試建構一個完美的自我。換句話說，他們會努力體驗自己的全知全能，這就是所謂的「誇大自體」（Grandiose self）。創造與體驗誇大自體是種自然現象。然而，當經歷難以承受的內心創傷，或是由父母造成的過度挫敗感時，便會形成「防禦性誇大自體」。

根據成長過程中接觸的環境與父母的態度，決定一個人擁有的究竟是「健康的誇大自體」或「防禦性誇大自體」。

藉由成長過程中與父母在情感上的親密互動，孩子會相信自己是世界的中心，並且可以完成任何事，這被稱為「嬰幼兒期自戀」，是一個人成長至成熟個體必須克服的心理課題。

即使父母提供充足的情緒同理與教養環境，但當孩子經歷適當的挫折時，他們會開始思考「或許我不是那麼了不起的人」，並為此感到沮喪。**經由適當的挫折接受自己存在極限，並逐漸建立健康的自我意識。**

萬一孩子在教養過程中經歷了無法承受的挫折，或是沒有得到父母持續的同理，他們的心理便得不到正常發展。

在這種情況下，孩子無法以健康的方式發展誇大自體，結果形成了防禦性誇大自體。這是因為必須代替父母，由自己來保護自己。換句話說，**這種防禦機制之所以形成，為的就是保護藏在缺陷底下的「脆弱自我」**。一旦像這樣只專注於自我防禦，就會變得像珠玄一樣對自己感到困惑。既無法確認自己究竟是什麼樣的人，也總是感到情緒不穩定，因而擁有較低的自尊感。

用獲得成功來換取愛和注意

珠玄媽媽看什麼都不順眼。珠玄說，滿足媽媽的要求，比滿足職場上司、比在商場交涉難纏的生意，還要來得困難。

從小開始，媽媽便整天向珠玄傾吐對爸爸的不滿。連去餐廳吃飯時，也會找出各種看不順眼之處，或是不停表達自己對未來的憂慮、抱怨家中經濟的窘況。

在珠玄的童年回憶中，媽媽永遠處於抱怨、神經質、對無法滿足要求的一切不滿的狀態，唯一開心的時刻，是珠玄做了什麼好的表現。看見媽媽得知她在學校得獎或當班長時，終於露出笑容的那一瞬間，也成了珠玄唯一開心的時刻。

在情緒上無法與媽媽建立連結的珠玄，幾乎沒有被同理的記憶。由於媽媽總是沉浸在自己的不滿之中，珠玄也沒辦法表現出需要媽媽安慰，或傾述自己遭遇的難題。

為了感受自己「活著」的情緒，珠玄只有成功一途。珠玄一直都以為，媽媽只有在她出人頭地時才會露出的笑容，就是世界對待她的態度，因此唯有見到他人的笑容，珠玄才會感覺自己存在。相反的，**假如她沒有達成任何成就，席捲而來的便是感覺自己好像快消失般的恐懼。**

愛麗絲．米勒（Alice Miller）在《幸福童年的祕密》[14]（*Das Drama des begabten Kindes*）中，對於產後的媽媽與孩子的描述如下：

> 媽媽凝視著懷中的嬰兒，嬰兒也凝視著母親的臉，並在那裡找到了自己……但是這個畫面的前提是：母親是真心地看著這個獨一無二、幼小、

14 心靈工坊出版。

孤立無助的小生命的存在，而不是把自己內心的期望、恐懼和計畫投射到他身上。否則，這個小孩在他母親臉上找到的就不是他自己，而是母親內心困境的反射。假若如此，這個小孩今後的生活裡就會缺少一面鏡子，一面他注定終其一生在找尋卻找不到的鏡子。

珠玄媽媽有很多受挫的欲望、恐懼以及對人生的挫敗感，卻對自己處於什麼樣的狀態渾然不知。為了代替媽媽感受充滿她眼中的挫折，**珠玄發展出假我，透過滿足媽媽時的喜悅，確認自己的存在。**

由於珠玄從未讓任何人見到自己真實的模樣，因此連她本人也對「有成就的我」以外的自己一無所知。她不知道自己想要什麼，也感覺不到自己什麼時候覺得快樂。**就像往破洞的水缸裡倒水一樣，珠玄只能不停埋首於填補媽媽的憂慮的空虛感，「專注於在自己身上」反而成了一種奢侈。**

請認清，現在的妳已經夠好了

珠玄花了很長的時間進行心理諮商，在這段過程中，她必須經歷從心理上與媽媽分離的痛苦。起初，在珠玄的記憶裡，只有媽媽在自己有所成就或表現出色時的開心模樣。

漸漸地，珠玄開始覺察自己的真實情緒。所有的難受、因為無法滿足媽媽欲望而被過度責備的記憶，通通浮出了水面。

當珠玄沒有取得好成績時，用瞧不起的態度對她說出「妳乾脆去做工算了」的媽媽；因為自身的自卑感，所以老是在背後說別人閒話的媽媽；既不聰明，又喜歡批評別人的媽媽……一想起要求她嚴格遵守自己規定的媽媽，珠玄甚至覺得有些困惑。

當珠玄明白不需要再壓抑自己的瞬間，媽媽的各種樣貌才終於浮上意識。如此一來，她才能心疼自己——那個成為媽媽代罪羔羊、別無選擇地創造出防禦性誇大自體的自己。

珠玄開始練習熬過無法順利取得理想成就時的無價值感，並且心疼過去不得不隱藏脆弱面的自己。於是，即使是不夠完美或自卑的模樣，也能以「夠好的我」、「儘管如此，也算不錯的我」的方式認同自己。

憤怒的媽媽，無法生氣的女兒

最近在電視節目中，經常出現探討造成社會問題的「權力濫用」（갑질）[15]。以來賓身分出席某節目的吳恩瑛博士表示，好好教育下一代就是解決這些社會問題的關鍵。

我們最該教懂孩子的第一件事，就是「保持內在力量的平衡」；為此，我們必須特別留意「攻擊性」的發展。

一般人提起「攻擊性」時，隨之而來的感覺通常是壞、危險。不過，表現攻擊的行

15 是韓國特有的社會現象詞彙，指的是在社會地位、職場等關係中，處於優勢地位的一方（甲方）對弱勢方（乙方）進行不當對待或欺壓的行為。

為與擁有攻擊性並不相同，父母必須努力培養孩子成長所需的「正常攻擊性」（Normal Aggression）。

所謂的正常攻擊性，是指當遭受不當對待時，懂得以「你在做什麼？」之類的話語回擊。**正常攻擊性的健康發展，是為了協助我們在這個社會自保，並且對不當的事提出抗議**。吳恩瑛博士認為，當正常攻擊性發展得當，反而不會出現過分的實際攻擊。

無法勇敢表達的女兒

閔智因為沒辦法表現出正常攻擊性而感到煩惱。第一次踏入諮商室時，閔智說，當她面對向自己做出不當行為的人，完全說不出任何話來回應。除此之外，她也因為無法向客戶要求對方理應支付的款項，導致工作上發生問題。

閔智表示，自己明明下定決心「今天一定要說，一定要勇敢說出來」，但對方一接起電話，就又說不出口了。聽完對方各種推託的說詞後，她根本說不出自己該說的話，接著才在掛完電話後後悔莫及。

閔智還有一個更大的問題，那就是這些累積的情緒會在某個瞬間爆發。當她失去理智並像變成另一個人般，重複出現飆髒話、動手的行為時，閔智根本無法理解自己的行為，甚至對此感到害怕。

我仔細觀察了閔智過往與媽媽的關係。諮商初期時，閔智總是形容媽媽是自己既尊敬又心疼的對象。然而，隨著諮商的持續進行，她對媽媽的看法開始有了完全不一樣的變化。

媽媽一直處在生氣的狀態，哪怕閔智只是犯了極小的錯，媽媽也會表現出暴力的一面。某次，媽媽更以閔智說謊為由，砸爛了家裡所有東西，甚至因此在閔智手上留下一道疤痕。在接受諮商的過程中，閔智終於在仔細觀察過往的媽媽後，意識到媽媽是自己從小便非常害怕的存在。

即使遭受父母的嚴重虐待，子女依然得繼續與父母生活在一起；因此，他們會以各自的防衛方式，來面對父母那些令人難以面對的樣貌。

有些人會將一切合理化，像是「我的確犯了該被媽媽揍的錯」；有些人會透過自我洗腦，保護自己免於創傷、悲傷、恐懼、焦慮的折磨，像是「我就是靠著媽媽在我犯錯時的嚴厲教訓，才有辦法走到今天。媽媽都是因為愛我才會那樣做」。

被壓抑的攻擊性，終將轉化成為實際攻擊

當閔智不得不面對媽媽赤裸裸的憤怒與激烈的情緒時，她都會感到非常害怕、恐懼。閔智認為自己必須將這種情緒本身，歸類成「糟糕」、「需

要避免」的事。

一旦感受到自己內在出現與媽媽類似的情緒時，閔智就會恐懼得彷如自己變成怪物一樣，因此連自己理應提出的要求、劃清界線、反抗不當言行的健康攻擊性都會被壓抑。

當對攻擊性的壓抑超過自己能承受的範圍時，就會逼出「實際攻擊」。閔智曾在諮商過程說：

「我和客戶說話的時候，好像都會很怕對方。**明明我的要求是合理的，卻老是擔心自己提出要求會惹怒對方，然後對方就會像媽媽那樣對我**，所以覺得好焦慮……我覺得這樣的自己，好可憐。」

在諮商後期，閔智面對了八歲那年經歷的恐懼，並且用內在的眼睛凝視著八歲的閔智說：

「妳有多害怕？妳有多難受？妳有多委屈？我懂妳。當妳覺得遭受不當對待時，請把這一切告訴我，我會聽。當妳覺得憤怒，覺得對我、對媽媽太生氣時，妳也可以告訴我妳有多討厭媽媽。我不會罵妳，只會靜靜地聽。」

當閔智開始面對自己的情緒，她才終於可以允許自己去感受它們，並釋放埋藏已久的委屈、憤怒以及被壓抑的情緒。同時，也哀悼自己失去健康攻擊性的童年。即使日後出現憤怒與激烈的情緒，她也找到能充分感受與表達這一切的方法。

我們必須意識過去被壓抑與埋藏的情緒，並且重新體驗與允許當時的感受。如此一來，才能化解被壓抑在內在的各種情緒，對人生造成負面影響的力量。在巴爾塔沙・葛拉西安（Baltasar Gracian）的《智慧書：300則一生受用的處世箴言》[16]（*Oráculo Manual y Arte de Prudencia*）中，提及關於壓抑攻擊性的摘錄如下：

> 勿因做好好先生而成壞人。好好先生是指任何時候都不動肝火的人。

麻木不仁者缺少人性。這種人並非都是生而冷漠，而是因為低能。適時的喜怒原本是人的本能反應，就連鳥雀都會對徒具人形的物件待之不恭。

酸甜間品是擁有上好口味的證明，孩子和白癡才會只嗜甜品。甘當麻木不仁的好好先生是大錯特錯。

倘若自己的性格只有甜美（討好或和善）的滋味，那就得觀察一下是否存在被壓抑的苦味。無法好好保護自己的原因，或許就是小時候嚐過的苦頭造成了恐懼，才變成不得不將這些情感隱藏起來。

16 時報出版。

完美主義的媽媽，永遠不夠好的女兒

成為大學生的孝真，一直以來與老師們發生過不少衝突。她常把「我真的不得老師的緣」掛在嘴邊，在她的記憶裡，大概從國中就開始與老師們產生摩擦。

在孝真的口中，老師們被形容為「明明是一群自私自利的草包，還表現得自命不凡，硬要把自己的完美主義強加在別人身上」。

自從上了大學後，孝真便滿心期待著遇到的教授不會像高中老師一樣，而是品格高尚，並且可以提供優質的教學內容。然而，孝真的期待很快就在開學後破滅了。滿腹怒火的孝真說：

「教授們也一樣。穿著體面的套裝，授課水準卻如此低落，實在令人厭惡。明明沒本事，卻整天自我陶醉的一群人。」

對教授們的失望，以及對自我的混亂，是孝真踏進諮商室的原因。雖然她也會向同學們抱怨，但他們的想法卻與孝真不一樣。

孝真覺得爛到不行的那些課，同學們卻覺得很滿意，甚至還認為被孝真評為「自我陶醉」的教授「非常有魅力」、「令人尊敬」。聽到同學這麼說後，搞得孝真愈來愈混亂。

「是我太敏感嗎？仔細想想，為什麼好像只有我自己這麼生氣？為什麼我這麼討厭老師？」

由於控制她的那股憤怒情緒持續出現，因此孝真決定開始諮商。

憤怒的背後，是渴望被認同的心

其實，這是孝真長久以來放在心裡的願望，或許已經成了匱乏或傷痕，但同時也是在沒有意識到的情況下被隱藏起來的念頭。

像是被愛的需求、對安全感的需求、被認同的需求，這些都是她最想從媽媽身上得到、卻永遠不可能得到的東西。於是，孝真躲進了內心洞穴的深處。

當向像孝貞一樣隱藏需求的人提起媽媽的話題時，他們大多會以「我媽很愛我啊！為什麼要突然講媽媽的話題？」的方式否認。「媽媽」，就是這樣的存在。**如果感覺不被媽媽所愛，我們的存在就會變得非常悲哀。不被媽媽愛的事實，讓人覺得自己是世界上最可憐的人。**

因此，才會萌生必須隱藏這個痛苦真相的念頭。不過，長久以來被壓抑的本能需求，終有一天會爆發。**這樣的人會尋找可以投射這場情緒暴風**

雨的對象，等到遇到那個對象時，所有情緒便如洩洪般潰堤。

對孝真來說，老師與教授是「中間關係」，讓她得以重新審視與父母的關係。許多人會像這樣，在人生中遇到審視自己與父母間關係的中間關係。

飽受完美主義媽媽折磨的女兒

隨著孝真開始探索自己對於老師的想法後，她才看清了自己與媽媽的關係。曾經是學校老師的孝真媽媽，堪稱是個完美主義者。是一回家就得馬上洗手，並將身上穿過的衣服立刻拿去洗的那種人。

無論是平日或假日，一定都會在早上六點準時起床，並且嚴格控管自己的生活。媽媽每天都會為孝真準備好豐盛的每一餐，儘管已經養育出幾近完美的女兒，但她始終擺脫不了完美媽媽的控制與壓迫。

「就算是週末也要早點起來，和媽媽一起去運動。像妳這麼懶惰，以後的人生怎麼辦啊？」

「妳為什麼不好好照顧自己？頭髮是怎麼回事？去弄整齊一點！」

「妳穿那是什麼衣服？女生就是要穿端莊、乾淨的衣服才對。」

媽媽的完美主義就像一把利刃，一靠近就會被刺傷。實際上，**孝真媽媽的完美主義是為了應對自身的焦慮，才為自己量身打造的生活規則。**

媽媽的焦慮入侵了孝真的人生，孝真因為要無止境地遵守井井有條的生活規則，而感到痛苦與沉重的壓力。然而，她卻不能恨，也不能怪媽媽。

與媽媽的關係，是滋養其他關係的基土

孝真習慣性責備自己，像是「媽媽都可以邊工作邊照顧小孩了，為什

麼我做不到？」「連媽媽工作那麼辛苦，也能早上六點起床，只有像我這麼懶惰的人才會賴床。」

媽媽愈了不起，孝真愈覺得自己沒辦法像媽媽一樣完美掌控人生。於是，她陷入了強烈的無力感與絕望感，動不動就認為自己是懶惰、悲哀、生活一塌糊塗的人。

渴望做自己就能被愛、以自己的方式被認同、不想被控制或強迫，這些心情通通藏在潛意識的深處。

因此，這樣的孝真只要一遇到與媽媽相似的老師，所有的不滿就會全部宣洩在老師身上。朝著老師射去的憤怒刀鋒，其實就是對媽媽的怨恨與報復之刃。愈恨老師，似乎就愈能彌補在媽媽面前經歷的無力感與絕望感，這種全能感（omnipotence）更是一直以來支撐著孝真的力量。

與媽媽的關係，就像這樣成為滋養其他關係的基土。如果妳正在生媽媽的氣，那也沒有關係，當妳能將代表真實的箭矢指向母親，而不再因此崩潰時，代表妳已經有能力正視這段關係了。

相反的，假如與某些人的關係總是因為相同的問題而面臨困難，無論是這個對象是情人、朋友、老師、丈夫、孩子，都表示妳需要仔細審視這段關係。

這些困難，或許就是某種訊號——試圖告訴妳一個令人心碎卻必須知道的真相。藉由這樣的連結，促使妳面對自己的內在並覺察自己的情緒，希望妳能從中看見渴望變得自由、真實的自己。

第 2 章 ｜ 讓我心痛又心累的媽媽

第 3 章

現在，是時候原諒了

先盡情地恨，才能放心地去愛

我遇過不少對於「透過心理諮商來療癒內心的過程」而感到好奇的人。他們想知道，究竟是什麼樣的原理與步驟可以修復內心創傷？又該如何處理對父母的憤怒？

萬一現在承受的內心創傷過於強烈，一定會害怕——若是貿然碰觸可能會使傷口變得更嚴重，我自己也曾有過這樣的恐懼。現在我想與各位分享，在我個人療癒內在的過程中，以及我所接觸的諮商者的療癒過程中，發現了一個共同的脈絡。

第一階段：認為「問題＝我」

當內心處於充滿創傷痛苦的狀態時，通常會認為自己就是「問題所在」，**也就是說很難將自己與創傷分開，甚至無法認知自己是個「受傷的人」**，於是便陷入深深的自責。

正是因為不清楚這一切的痛苦情緒從何而來，也不知道為何難受，所以才會被這些情緒壓垮。無法承受的痛苦讓自己難受不堪，各種不想要的想法不停湧現，甚至澈底失去控制。

有時，也會覺得「只要我消失就能解決一切問題」，因而出現尋死的念頭。**一旦陷入痛苦的深淵，便會不停對自己發送刻薄、刺耳的訊息，像是「我沒救了」、「我根本不該出生」、「我拖累全世界」等。**

這些訊息只會使痛苦不斷擴大，彷彿是讓人無法逃離的枷鎖。此時，甚至無法意識到自己對內心傳遞的訊息竟是如此殘忍、具有自虐傾向的，簡單來說，即是受到內在想法支配的狀態，還真心相信自己事實上就是如此，並且不會提出任何質疑。

第二階段：發現媽媽的殘酷

隨著諮商的持續進行，才明白自己內在的批判者，其實就是來自媽媽曾經刻薄對待自己的聲音。**終於發現在最難受的時候對自己說出的話，與媽媽從小開始對待自己的態度如此雷同。**當下，可能會暫時經歷比過往來得更強烈的痛苦。

因為我們在剎那間面對了事實——我所愛的媽媽，其實默默地在對我情緒虐待。我認為，唯有熬過如此錐心刺骨的痛，才能得到療癒與成長；如同切除癌症腫瘤一樣，必須經歷忍受在手術台上的痛苦與恐懼。

第三階段：藉由哀悼驅散源於媽媽的創傷

試著找出那些如同「餵養癌細胞」的想法，並看看這一切對自我造成什麼樣的影響。雖然我們因為媽媽而有所成長，但也因為媽媽的情緒不成熟，使我們不得不承受痛苦。

那些痛苦的時候，不僅因為是「我的錯」才受到媽媽的責備；媽媽無法共同承受痛苦的軟弱、不成熟的表達等，也是原因之一。在這個階段我們需要努力掙扎，**不要再將媽媽的問題、痛苦歸咎是自己的錯或存在**。

在這段過程中，諮商者會經歷未曾對媽媽感受過的憎惡與怨恨；當他們面對藏在「都是為了妳」背後所掩蓋的真相後，所有情緒就會竄湧而上。他們感到震驚的是摯愛的媽媽竟讓他們經歷如此的傷痛，以及不成熟的媽媽無法表達愛的挫敗與絕望。

因為媽媽的忽視，在情緒上被遺棄的悲傷轉化成為憎惡與怨恨。**唯有**

使盡全力地去怨、去恨，才能看清情緒的根源，進而邁向下個階段。

第四階段：心疼自己

情緒真的很奇妙，當我們在安全的對象面前傾訴憎惡、怨恨與悲傷時，原本對媽媽充滿恨的情緒將會轉而集中在自己身上。

對於不得不忍受這些痛苦的自己感到憐惜、對於自己全身承受住媽媽宣洩憤怒的恐懼感到無比心疼，儘管如此，我也為仍堅強活到現在的自己感到自豪。**以憐憫的心包容自己，就能產生照顧傷口的內在力量，當妳能允許自己感受這些情緒，那就代表快接近療癒完成了。**

第五階段：照顧與修復自己

現在，內心那個嚴厲的媽媽又想找我說話時，我已經不會再上當了。取而代之的是，我學會了照顧自己，承認傷痛並且保護自己。

當然了，這段過程並不代表可以將媽媽的聲音徹底消滅。**我依然會再次被那個聲音困住、欺騙，但現在足夠強大的自我會以不同態度對待自己，不再放任自己被那個聲音淹沒。**

我會開始為了自己而思考，「當傷痛的陰霾籠罩著我時，我該如何照顧與安慰自己？」吸收了自我照顧的養分後，就會逐漸填滿原本空蕩蕩的內心。

開始討厭媽媽，是痊癒的起點

在這段過程中最大的阻礙是心理的「恆常性」——因為無法輕易地討厭媽媽，而試圖想要回到以前的心理階段。有些人即使在發現真相後，依然會說：「媽媽為了我已經盡力了，是我有問題。」藉以貶低自我並將媽媽理想化。

如果不能掙脫這種扭曲的情緒沼澤，便不可能完整地愛媽媽。**唯有穿越痛苦的隧道，才能在悲傷中體會到媽媽作為一個平凡人，依然在她的不足中堅持付出的努力。**

承認自己對媽媽的憎惡與怨恨，是因為對媽媽的信任。只有明白即使自己坦白對媽媽的情緒後，媽媽對自己的愛與信任也不會崩潰的人，才會恨媽媽。

如同只有被父母愛過的孩子，才會基於對父母的信任，放肆耍賴。對父母的愛不夠信任的孩子，很快就會失去赤子的童真——他們別無選擇，只能戴上父母希望他們成為的樣貌，永遠當個乖孩子。他們甚至不知道，自己的靈魂漸漸消失在乖巧的面具背後。

妳現在可以盡情恨媽媽嗎？妳正在經歷對媽媽的厭惡與矛盾嗎？那妳確實走在正確的路上。因為，這代表妳正在為了擺脫媽媽給予的情緒陰影奮力搖槳。

為了痊癒，妳正在心理的手術台上承受必經的痛苦，有多恨，就多恨吧！我希望，妳能在一個讓妳有安全感的對象面前，釋放所有的悲傷。

在隧道盡頭等待著妳的是強大的自我，能夠懂得照顧受傷的妳，還會對媽媽產生憐憫之情——那個雖然不成熟，卻始終以自己的方式盡力在妳身邊扮演「家長」的媽媽。

唯有先理解自己的情緒，才能愛媽媽

安娜・蘭布克（Anna Lembke）在其著作《多巴胺國度：在縱慾年代找到身心平衡》[17]（*DOPAMINE NATION: Finding Balance in the Age of Indulgence*）中提到，與媽媽的關係會形成一種焦慮與「假我」（False self）的概念。她認為，**唯有正視自己在童年時期與媽媽間發生衝突時的情緒感受，才有辦法理解媽媽——理解自身經歷的痛苦與認同自己的人生，才得以接納媽媽。**

如同安娜・蘭布克所言，唯有覺察在自身經歷事件的真相，與其過程中感受的各種情緒後，我們才能真正理解與原諒媽媽。許多女兒踏進心理諮商室尋求建議，都是因為她們想「理解媽媽」。

儘管終其一生都在努力嘗試理解媽媽，卻始終無法做到，於是才會陷入既不能恨又不能愛媽媽的兩個極端之間，而感到混亂。這種心情，其實也是女兒一直以來不斷承受的心情——為了與會傷害自己的母親一起生活所要面對的處境。

想要恨，卻忍不住自責的女兒

真嫃真的很想理解媽媽，才決定踏進諮商室。我問她，想要理解媽媽的原因是什麼？

17 經濟新潮社出版。

真娭表示自己完全無法理解媽媽，也沒辦法愛媽媽，源源不絕的恨意甚至逼得她快要不能呼吸，實在不知道怎麼再忍下去了。在「必須理解媽媽」這句話的背後，累積了真娭滿滿的痛苦、憤怒與挫折。

隨著心理諮商的持續進行，真娭開始剝開「理解媽媽的乖女兒」這層道德包裝紙，看見過去的自我。

爸爸性侵大女兒（即真娭同父異母的姊姊）的那天，害怕和爸爸待在一起的真娭打了通電話給媽媽。然而，媽媽卻只回了她一句：「就算所有人都背棄妳爸，妳也必須理解他。」聽完媽媽說的話，真娭只覺得一股噁心與恐懼襲來，但她依然忍了下來。當時躲在棉被裡的國中生真娭，該有多麼痛苦啊？

得知爸爸外遇的消息後，媽媽也曾使喚真娭，「去看看妳爸和那個女人在車上幹嘛？」在害怕父母離婚，以及觀看爸爸與其他阿姨親熱場景的過程裡，她覺察了小學生真娭的深刻悲傷。

父母在某次激烈大吵後，媽媽丟下真娭離家出走了。經歷媽媽離家一週後，看著滿是蒼蠅飛來飛去的餐桌，她覺察了幼兒真娭思念媽媽的情緒。即使真娭的童年沒有受過任何人保護，她卻得一而再理解那樣的父母，但卻從來沒人在乎過真娭的驚慌、恐懼、悲傷、挫折。在混亂的場面裡理解父母，是熬過這種生活的唯一方法。

儘管如此，每當對父母出現憤怒與不適的感受時，她卻總是自責：「我就是不懂諒解又敏感，才會有這種情緒。為什麼我會變成不愛爸媽的壞女兒呢？」

真娭想要的是爸媽會互相照顧、準備飯菜，並且共享親密時光的家。她逐漸意識到自己真正的需求——渴望能有像圍籬般安全與保護孩子的父母。

長期被籠罩在「必須理解父母」的陰霾下，導致她無法盡情恨父母，也無法哀悼自己的創傷。於是，當這些情緒沖破壓抑的堤壩後，她才終於看清楚父母的人生。

為了理解父母，首先得要面對自己的痛苦

真媖媽媽在三歲左右失去了父親，因此真媖的外婆不得不獨力扶養八個孩子。真媖媽媽就這樣在惦念著為了養大孩子而忙於務農的媽媽中，度過她的童年。

至於真媖爸爸，則是從小就在遭受兄弟們的毆打與辱罵中長大；真媖說，她能感受爸爸在恐懼與混亂中成長的心情。在那個因爸爸酗酒與外遇而冷得像冰塊般、令人膽戰心驚的家庭氛圍裡，真媖依然能完全體會爸爸經歷過的驚慌與恐懼。

真媖看見了父母與自己經歷了相同的童年，當她感受到父母從小總是孤單一人的心情後，真媖才開始理解他們的人生為什麼會變成那副模樣。

這是理解的必經過程，無法理解自身痛苦的人，永遠不可能同理他人的痛苦。基於對自己的理解，才能對他人懷有深刻且寬大的憐憫之情。愈

理解自己的內心世界，愈可以體會他人的內心世界。

就像曾經因為吃過壞掉的食物而肚子痛的人，才懂得避免將變質食物給別人吃一樣。**真媖的父母為什麼將悲慘的人生傳承給她呢？會不會就是因為他們從未好好面對過自己內心的痛苦呢？**

如果想要原諒父母，我希望各位能先鼓起勇氣，理解那個在「必須理解父母」陰影之下的自己。在為自己失去的人生哀悼的同時，逐漸明白對父母的理解與原諒，不再是「妳必須做的事」，而是「自然而然發生的過程」。

爲什麼媽媽全心的愛，女兒不想要？

在德國心理治療師克勞蒂亞・哈爾曼（Claudia Haarmann）所寫的《媽媽與女兒的心理學》（*Mütter sind eben Mütter: Was Töchter und Mütter voneinander wissen sollten*）中，對於媽媽無法愛女兒的原因提出以下見解：

「某種東西」阻礙了母親給予女兒需要的東西。原因在於她的心房已上了束縛在她胸口的硬殼。牢牢貼緊的硬殼，怎麼也不會脫落。太過厚重的硬殼，甚至讓她沒辦法意識到自己的經歷有多糟。於是，被硬殼層層裹覆的母親，既無法感受女兒的痛苦，也無法同理那種痛苦。

我擔心這段文字會帶給某些人挫折感——現在好不容易才因為解開了真相的鎖鏈，決定鼓足勇氣去恨媽媽，最後卻又被這段話阻礙。我謹慎地選擇這段話，深怕各位會因為心想著「媽媽也是受傷的人，別再恨她了，原諒她吧！」而刻意強迫自己理解與原諒。

但我想，這段話才是「為什麼媽媽只能愛我這麼多？」的解答。

關於愛的認知落差

聽見小女兒抱怨「這一切都是媽媽的錯！」「為什麼媽媽只能對我做到這樣？」後，泰熙深感絕望。自認為已經竭盡所能養育子女的她，始終無法理解小女兒的埋怨，因此決定前往諮商室。

在諮商初期，泰熙吐露了自己的委屈。

「比起生老大的時候，我反而是在更穩定的狀態下生了小女兒。生老大時，因為實在太忙了，所以一直沒辦法給孩子足夠的愛。可是，我明明是照著育兒書教的方式，全心全意養大了小女兒。我真的不知道她為什麼會這樣想……我覺得好失望。」

諮商持續進行，泰熙長篇大論地說了很多關於自己如何悉心照顧小女兒的事。泰熙為小女兒準備的餐點，通通都是有機食品；即使是在經濟狀況不太好的時候，依然為小女兒穿上名牌衣物……她盡可能滿足了孩子的需求。

接著，輪到聽聽小女兒的說法了，她並不認為媽媽的一切努力是愛。

「一直以來，媽媽只是按照她自己的想法。明明說過那些東西我不喜歡吃，但媽媽還是做了，說是為了我的健康。明明拜託媽媽讓我自己獨處一陣子，她也說這樣太危險，事事都要控制。口口聲聲說是為我好，每件事都要干涉，每件事都要反對，我真的覺得好窒息。」

在女兒的認知裡，媽媽發送的「愛的訊號」是「令人窒息的控制」。

為什麼會產生這種落差？既然如此，我決定問一問女兒，什麼才是她想要被愛的方式。

女兒嚎啕大哭地說道：

「我希望，當我在學校遇到什麼困難時，媽媽可以無條件支持我。我希望，她可以對我說『是不是很累？對不起，媽媽不知道妳這麼辛苦。』當我受傷時，媽媽總是表現得比我更驚嚇，甚至哭了，搞得我沒辦法哭。**我需要的是堅強、冷靜的媽媽，但她永遠比我更誇張，而我只能忍耐。**她說『這是愛』，但我卻覺得自己被騙了一輩子。這怎麼會是愛呢？」

小女兒需要的是情緒層面的照顧，然而，只顧著埋首於媽媽「角色」的泰熙，卻自認這就是愛孩子的方式。

泰熙說，直到接受諮商後，她才意識到自己與女兒間存在什麼問題。泰熙在家中的六個孩子裡，排行老么。由於家境十分清寒，她只能眼睜睜看著兄長們搶走父母所有的愛。永遠被擠到最後的她，只能吃哥哥們吃剩的食物，甚至連一套乾淨的衣服也沒有。

泰熙從來不曾期待父母能給予情緒層面的照顧，只要可以給她一頓像樣的飯、一套像樣的衣服，便足以令她感受到愛。但她什麼也得不到，所以根本不知道如何確認父母對自己的愛。於是，泰熙下定決心：「我會把最好的都給我的孩子。」她認為，這就是愛的表現。

童年情感匱乏的媽媽所認為的「愛」

其實，泰熙是在情感匱乏的父母底下成長的女兒，因此她能給孩子的愛也被上了一道鎖。

她不知道自己未曾體會過的情緒照顧是什麼模樣、什麼型態，取而代之的是在孩子開口之前便滿足他們所有要求，恰如她曾經的渴望般。同時，也認為介入孩子的生活是一種愛。

泰熙實在不明白，為什麼這一切對女兒來說是干涉、是令人窒息的痛苦？她反而無法理解，女兒明明比她擁有更豐足的生活，為什麼不懂知足，甚至還埋怨媽媽？

隨著諮商的持續進行，小女兒才知道媽媽那樣對待她的原因，在於「媽媽經歷過的生活」，於是她才終於放下一些對媽媽的怨恨。

情感痛苦的傳承會跨越世代延續下去，所有情感匱乏都會形成一道屏障，阻礙個人感受這些需求的存在。這道屏障，將愛的價值扭曲成為「角色」或「行為」。

這股代代相傳的情感匱乏洪流，或許會隨著泰熙小女兒的奮力掙扎而就此終結。選擇面對痛苦的小女兒，逐漸明白什麼才是自己真正想要的愛。同時，她也在思考如何給予與接受這樣的愛，並且嘗試打破世代相傳的情感匱乏，讓自己明白何謂真正的愛。

妳所經歷的心理痛苦或許就是一簇火焰，足以融化世世代代被冰封已久的愛之河。痛苦帶來變化，而變化就是通往真相的橋梁。這段過程，將會是一次寶貴的經驗，讓妳的子女和妳愛的人，從此明白真愛的價值。

如何心平氣和地原諒媽媽？

《走出受傷的童年：別再等待父母認錯，主動停止世代循環的傷害》[18]（*Forgiving Our Fathers and Mothers*）的作者蕾斯莉．里蘭．費茲（Leslie Leyland Fields），對於需要原諒的原因提出以下說明：

直到你原諒了你的父母，你才算是長大成為一個完整的人。讓傷害和失望的循環到此為止吧！這個循環絆住了你，也讓你的孩子長期缺愛，長期被內心需求沒有滿足的父母所傷害。

18 啟示出版。

她接著說道：

「那時候我就明白，對於所有的為人子女者而言，原諒都是必要之路。儘管我自己的這條路走來偶爾會感到孤獨，但我絕對不是孤伶伶的一個人落單而行，沿路上還有許多人跟我一起走著。很多人走在我前面，有些人走在我後面，還有一些人遲疑著，站在出發線前面，有如我自己多年前的翻版。」

儘管如此，我們依然會對「必須原諒」這種話產生反感。為什麼必須原諒為我們帶來殘忍創傷的父母？為什麼必須釋放為我們帶來不可抹滅創傷的人？帶著這些疑問去原諒，甚至令人覺得委屈。

原諒媽媽，才能原諒自己

我想說的是，「原諒」指的是治癒了深刻的創傷後，自然而然抵達的終點站；換言之，即是不需要特別努力就能到達的最後一站。透過我自身的經歷以及諮商者的經驗，讓我更確信這一點。

那就是我們與父母的關係，將會對自己的家庭、人際關係、與子女的關係造成重大影響。唯有當我們原諒父母時，才能真正原諒自己，而這也是最重要的原因。

原諒，是為了防止父母的錯誤態度與情緒虐待的痕跡，滲透了我們的思想與情緒。蕾斯莉・里蘭・費茲也針對這段過程提出見解：

> 父母自己受虐、悲慘、麻煩、失憶的成長史，往往會過渡到孩子身上。很不幸地，我們之中有許多人一再做出傷害性最強的行為，而那些行為正是從父母身上模仿而來——除非我們承認這些行為，並且加以面對。

原諒就像為了理想中的生活打地基一樣，先拆除對我們建立的家庭與關係、自尊感、自我等方面帶來負面影響的壁癌牆，重新建築牢固的基礎。

因此，原諒有時也是令人想逃避的課題——因為必須面對自己的創傷；為了重新建設，首先得要打掉那些歪七扭八、搖搖欲墜的部分。

就如同蓋房子的過程中，打地基是需要花最多時間的。不過，只要打完之後，便可以在穩固的基礎上迅速搭建自己想要的新房子。

原諒的第一步：先面對自己的創傷

如何原諒？原諒，始於正視自己的創傷。面對自己對媽媽的需求、挫折、經歷，是原諒的第一步。當女兒們開始思考這些問題時，她們會覺察自己的匱乏與真正的渴望。

「我總是被媽媽責備『妳為什麼那麼敏感？為了這點事難過，妳要怎麼在這個社會生存下去？』但其實，我想聽的是『媽媽不知道這種話會對妳造成傷害。對不起，我下次說話會小心點。』」

正視源於父母的創傷，是我們哀悼與減輕創傷的最快捷徑。在諮商的過程中，我常見到令人訝異的景象。那些因家暴、離婚、虐待等明顯問題而痛苦的人，反而更有勇氣審視自己的痛苦。他們選擇原諒父母與自己，並且擁抱創傷繼續過生活。

然而，因情緒虐待、比較、競爭、冷漠等微妙方式造成的心理創傷，才更難處理；在這種環境成長的孩子，往往很難表達對父母的真實情緒。

她們說，其實也不是什麼大問題，但就是不明白自己為什麼如此痛苦。這樣的人很難盡情恨父母，因為她們通常認為自己也有問題——即使情感創傷不該有輕重之分。

創傷是真實的，無須和誰比較

誰說比起動手打孩子、漠視孩子需求的傷害反而沒這麼大呢？對孩子來說，同樣都是創傷。

對於父母打孩子的行為，可以明確認定為「父母的錯誤對待」。但是，無論是旁人或孩子本人，都很難責怪父母在有意無意間冷落孩子的行為。因此，孩子無法理解自己為何對父母不滿與怨恨，反而責備自己陷入憂鬱。

此外，孩子還會拿自己與經歷更嚴重心理創傷但順利克服的人做比較，並為此自責「我怎麼會因為這點小事就憂鬱？」於是，孩子反而成為讓自己二度傷害的加害者。

不過，請牢記一件事——無論是什麼樣的傷，都是會疼痛的。有時，一句話能讓一個人活下去，一個充滿侮辱性的眼神也能讓人結束生命。比起重大的事件，日常生活中隱約感受的冷漠與疏離，才更令人心寒。

無論創傷多大或多小，都應該正視自己隱藏在創傷背後的痛苦。原諒的第一步，是理解自己因為這些傷害而以扭曲的視角看待自己，並且找到真正歸咎的對象。

諮商者賢珠說，媽媽永遠在自己最需要安慰時缺席。為了照顧痛苦的媽媽，賢珠反而無法享受有媽媽的好。同時，當她見到深陷在痛苦深淵的媽媽時，又會責怪自己「都是因為我這個女兒不夠好」。

在這種狀態下，是不可能原諒父母的——因為這是在攻擊自己，一切都是自己的錯。這種時候，便還不該考慮原諒的問題；而是必須先了解一個真相：不是我這個女兒不夠好，是媽媽打從一開始就對我的要求過高。

媽媽向目睹家暴的女兒展示傷痕，並說：「妳爸很壞吧？妳知道媽媽有多痛吧？妳應該安慰媽媽。」對於孩子來說，這是多麼嚴厲的要求？既不該強迫，也不該期望孩子達成這項要求。

六歲的孩子不安慰媽媽，不是因為不愛媽媽，也不是因為共感能力不足，看著受苦的媽媽，孩子心裡只有滿滿的痛苦與悲傷。我們必須將自己的問題與媽媽的嚴厲要求分開，客觀看待實際情況。

從一半的愛，到百分百的原諒

我們必須謹慎留意自己「原諒父母」的態度是否過於倉促，無論是對自己或對他人，原諒都不是一蹴可及的事，而是必須一層一層慢慢剝離的終生課題。

對於憎惡、怨恨父母的人來說，需要的不是「馬上原諒父母」的建議，而是給予足夠的時間，讓他們充分哀悼與怨恨。

對於一直以來都將所有問題歸咎於自己的人而言，光是要區分自己與父母的問題，可能就得花上數個月、數年。這就像要除去黏在地上的口香糖一樣，需要花時間與心力。

另外，**有些人也需要數個月，甚至數年，才有辦法允許自己恨父母並接受「恨」這種情緒。**屬於這種類型的人必須記住，這是為了真正愛父母的必經過程。

許多女兒因為無法恨媽媽而痛苦，抹除媽媽如何傷害我們的畫面，只想著她為

區分自己與父母的問題

▼

恨父母

▼

為自己哀悼

▼

為自己與父母哀悼

▼

原諒

【原諒的五個階段】

我們所付出的一切，找出不可以恨媽媽的依據。如果只看到對方的一面，愛也只能有一半。**想要真正愛一個人，就必須擁抱不想看到的另一面。**

我們不妨以對孩子的愛為例來理解這個過程吧？無論媽媽多愛孩子，難免也會有討厭孩子的時候；當孩子鬧脾氣、提出要求、搗亂時，確實很討人厭。但這個孩子討人厭的模樣，也是我愛的孩子的其中一個樣貌。

站在孩子立場的我，同樣也可以討厭媽媽。唯有能夠討厭，往後才可以在愛裡擁抱媽媽討人厭的模樣。

想鬧小孩子脾氣的渴望

透過諮商的過程，賢珠很快便看清了媽媽對女兒期望過高的自私欲望，於是，對媽媽的怨恨情緒也隨之萌芽。

如此一來，才擺脫了老是怪罪自己是不夠好的女兒，無法滿足媽媽所有要求的情緒。終於可以責怪父母「為什麼對我提出那麼多要求，搞得我很累？」

在諮商初期，賢珠甚至沒辦法想像媽媽就坐在眼前的椅子上，並對她表達自己的不滿。當時，我請賢珠想像有一扇堅固的玻璃窗擋著媽媽。我告訴她，雖然媽媽可以透過玻璃窗看見賢珠，卻聽不見她的聲音，賢珠這才終於說出對媽媽的不滿與自己的痛苦。

賢珠時而以埋怨，時而以憤怒，表達了她對媽媽的恨。接著，**她在恨的情緒底下，發現了「渴望被媽媽愛」、「想成為可以盡情對媽媽鬧脾氣的小孩」的自己**，感受到那些在童年未能實現的期望所帶來的悲傷。

一意識到憎恨背後真實的悲傷情緒時，賢珠不禁為自己感到哀痛。從今以後，她開始實踐照顧自己的決心，照顧這個從來沒有被人好好照顧過的自己。

開始看見媽媽的創傷

直到賢珠意識到不被媽媽愛的「我」後，才開始看見和自己一樣不被自己母親所愛的媽媽——她顯然也繼承了從上一代流傳下來的創傷。於是，賢珠不僅看待媽媽的視角變廣了，她也從為自己哀悼，轉變成替自己與媽媽哀悼。

能夠像這樣盡情地悲傷，就是真正的原諒。由於悲傷是一種使我們痛苦得以感受的情緒，因此才會以憎恨或埋怨、敵意等扭曲的情緒形式出現。希望各位不要誤解這些情緒，**這是想要原諒或嘗試原諒時，而會出現的複雜情緒。**

就像我們想要用橡皮擦擦掉塗鴉時，需要花一段時間全神貫注。除了得花費心力去擦拭，過程中也必須短暫的經歷塗鴉痕跡變得更擴散模糊的痛苦。原諒也是如此，為了原諒，我們必須直視那些創傷；一旦開始專注，甚至還會迎來更強烈的情緒。此時，可能會經歷比原諒前更深刻的傷痛與心理退化。

然而，最終我們可以見到，這段經歷即是抹除創傷或塗鴉的一連串必經過程。儘管還留下些許痕跡，但我們也終於可以在變得乾淨的紙上，重寫自己真正想要的生活。

我必須好好了解自己的創傷

最近，敏知在面對參與團體的成員間發生衝突的場面時，再次意識到自己心理層面的脆弱。眼見衝突逐漸演變成激烈的口角，敏知的眼淚奪眶而出，心跳也不停加速，難以名狀的情緒在內心翻湧著。敏知的內心世界響起了「妳現在很危險！」的警鐘。

長時間接受心理諮商的敏知，早已覺察自己的創傷，也與我共同進行了幾項計畫。然而，當記錄在敏知大腦與身體裡的細胞一受到刺激，她的情緒依然會自動出現反應。

心靈受的傷，身體會記住

當敏知的情緒因為痛苦的過往經驗做出違反意願的反應時，她總會為此感到內疚，像是「明明都已經過去了，為什麼我還這麼難過？」、「是我自己性格太敏感了」。不過，隨著諮商的持續進行，逐漸理解自我與內在的她，開始懂得以不同方式對待經歷創傷的自己。

首先，給自己一段短暫的休息時間，讓因為衝突而不適的自己什麼都不做。藉由提醒自己「慢慢就會沒事」、「我正在照顧自己」，開始冷靜下來，而不是批評與責備自己。

此外，也向為了這些創傷而難受的自己發送安慰與鼓勵的訊息。隨著聚會上的衝突一再發生，敏知依然下定決心要保護好自己。因此，她決定暫時不參加那個會刺激自己脆弱情緒的聚會了。

治療創傷患者長達數十年的精神科醫師貝塞爾・范德寇（Bessel van

der Kolk）[19]，以「身體會記住」形容敏知經歷的現象。**即使大腦明確知道並治療了自己的傷口，但創傷依然會記錄在身體與神經系統**，因此，一旦發生會引起創傷的觸發事件，身體與情緒系統就會自動反應，試圖保護自己免受那些創傷痕跡的影響。

每個受傷的女兒心裡，必然都有各自脆弱的地方。有些人會因為父母激烈的衝突而感到害怕，導致她們在面對衝突發生時，出現過度反應；有些人則會在面對強勢對待自己的人時，瞬間被恐懼的情緒吞噬。

即便接受了長時間的心理治療，也無法控制生活中的所有層面。於是，只要脆弱的部分一受到刺激，可能又會反覆經歷痛苦的情緒反應。

為了避免被這些反應擊潰，每個人都必須找出自己的方式應對脆弱面。為此，**我們得先清楚自己內在發生過什麼事，以及自己必須承受哪些脆弱**。

承認自己的脆弱與不完美

「脆弱（Vulnerability）」一詞源於拉丁語「Vunerare」，意指「身體或情感受到傷害與攻擊」。

聖經輔導教授金奎報於其著作《如何治癒創傷？》（트라우마는 어떻게 치유되는가）中提到，**讓自己努力恢復到經歷創傷事件之前的狀態，可能不是正確的治療方向**。相反的，接納因創傷導致的身體、社會機能變化成為「我」的一部分，才是真正克服創傷的方法。

承認自己的脆弱，是一段很痛的過程——因為我們必須花一輩子照顧

---

19 貝塞爾・范德寇在其著作《心靈的傷，身體會記住》（The Body Keeps the Score）提到：「在處理創傷時，處理的其實是創傷在身體、大腦留下的印痕，而復原的關鍵，是運用腦部本身的神經可塑性，讓倖存者感受到自己活在當下，並在最終重建對自己的所有權。」

那個脆弱處。想要完全消除自己的創傷，完美療癒創傷造成的傷痕，是極為困難之事。

反之，我們應該接受這些創傷是自己的一部分，如此一來，才能更有效地治癒自己的心，以及真正學會自我照顧的技巧。

不久前，我想到了一個形容創傷的好比喻。我丈夫是經常迷路的人。約好一起去野餐那天，丈夫無意識地走向平常上班的路線，而不是預定的目的地。幸好他很快發現這件事，並重新轉向正確的目的地。

我認為，覺察與照顧創傷造成的脆弱正是如此——**能夠踩下煞車及時制止重複讓自己痛苦的慣性反應，並開闢新的路線**。只要好好把握那轉折的一瞬間，就能擺脫假日去公司的蠢事，並順利踏上旅程。

當我們重複覺察與照顧時，被身體記住的創傷痕跡就會慢慢消失。在這段過程中，也會逐漸發現理解與愛自己的治癒捷徑。

第 3 章 現在，是時候原諒了

第 4 章

療癒源於媽媽的創傷

階段一：拒絕媽媽

「我是為了妳好才說這些話。」

「媽媽都是為了妳好。」

「難道我這樣說是為了自己好嗎？」

「妳只要好好聽爸媽的話準沒錯。」

「為什麼每次都不聽媽媽的話，還一直頂嘴？」

只要是女兒，大概都聽過一、兩次這種話。女兒們往往在沒有認真檢視這些話中不合邏輯、暗藏責備的情況下，直接被壓制。

「媽媽說的話明明都是為了我好，為什麼我還會恨媽媽？」

「媽媽付出了這麼多，為什麼我卻討厭媽媽？」

正如媽媽的說法，這些都是「為了我好」的話，因此反而譴責起對此感到不悅的自己。近來，隨著情緒操控一詞成為熱門話題後，每當聽見父母或其他人的話，我也會開始反思：「我沒有問題啊，錯的會不會是說出這些話的人？我現在是不是被情緒操控了？」

或許是因為如此，不少諮商者都會向我提問與確認，「我媽常常對我情緒操控吧？」「這句話不就是情緒操控嗎？」大家之所以會有這些疑惑，是因為她們意識到並不是自己真的有問題，而是說話者錯誤的期待與表達。

不聽媽媽的話，絕對不是妳的錯

改變母女關係的第一步，是當錯誤訊號出現時，不要將其視為「自己的錯」。聽到針刺般傷人的話時，責任在於用尖銳言語刺傷人的人，而不是被刺痛的人。

儘管如此，想拒絕媽媽使用錐子般尖銳的語氣表達自己的意見與意圖，的確不是件容易的事。**情緒不成熟的媽媽，會將自己的需求與自私包裝成對女兒的愛**，像是「我是為妳好」、「媽是為妳著想」。因此，女兒也很難要求媽媽不要再這樣說或這樣做。

熙珍曾有過因為吃了豆腐而嚴重脹氣的經歷，因此她不想再吃豆腐也是理所當然的事。可是，熙珍媽媽每天早上都說：「愈是這樣，妳愈該多吃豆腐才能克服。」並且刻意準備像是豆腐鍋、紅燒豆腐、煎豆腐等各種餐點。

面對說著「這是我為了妳才特地早起準備的菜，所以要多吃點啊」的媽媽，熙珍總是不知所措。她對此表示：

「媽媽完全不考慮我不想吃豆腐的心情，她只是為了扮演一個替孩子用心準備餐點的好媽媽。」

情緒不成熟的媽媽，很難接受女兒的需求與自己不同的事實。簡單來說，就是無法理解女兒與自己的想法、價值觀不一樣。反之，女兒的拒絕與不同想法，則被視為對「母親權威」的挑戰、反抗，甚至還會被貼上「自私」的標籤。

因此，熙珍只能一口接著一口把豆腐放進嘴裡。因為相比之下，她更難承受媽媽的責備與批評，以及看著媽媽如何在一言一行間表達自己有多難過。像這樣與媽媽溝通的女兒，失去了自己與媽媽不同的情緒自主性、主導性與獨立性。

唯有自主，才能信任他人

在孩子的發展階段中，有段關於學習自主能力的時期。根據艾瑞克森（Eric H. Erickson）的心理社會發展理論（Psychosocial Developmental

Theory），人無法在零～一歲順利發展信任感的話，將會從此對人與世界產生不信任。

順利發展對外在世界信任感的孩子，會在一～三歲進入「自主獨立 vs. 羞恥懷疑」的發展階段。孩子會在這個階段開始追求自主行動與獨立性，在這段過程中，會發展如何表達自我意志與獨立自主的能力。

假如父母在這個階段過分控制或責備孩子的話，他們便會因為羞恥感，而開始懷疑自己的能力。

在此，我試著將缺乏情緒自主性的女兒們的心境，與艾瑞克森的心理社會發展理論做進一步的比較。

受傷的女兒，自始至終都處於沒有經歷過媽媽給予情緒信任的狀態。換言之，**比起相信自己能與媽媽有不同的情緒感受並得到理解，她們一直處在自己不會被接受的不信任之中。**在這種狀態下，想要嘗試發揮情緒自主性說「不」，更是難上加難。

為了自我保護而拒絕媽媽、為了重新建立受挫的情緒自主性，需要長時間的練習。如同養育一個孩子般，必須慢慢給予細心的照顧才行。

表達自我並克服內疚感

缺乏情緒自主性女兒們必須牢記一件事——**拒絕媽媽，並不是否定「媽媽本身」，而是表達自我的方式。**

媽媽與我是不同的存在，我可以做出與媽媽不一樣的選擇，擁有與媽媽不一樣的想法，偶爾也會有不一樣的期望。讓媽媽明白這件事，正是拒絕的本質。

如果很難拒絕媽媽，不妨先設定一個拒絕的範圍。例如：對每天打電話給自己的媽媽說：「其他的日子都可以，但是星期三不太方便講電話。」

藉此，讓期望經常有子女陪伴的媽媽，知道不會對孩子造成壓力的時間。

另外，也可以練習在生活中的某些方面劃清界線說「不」，像是一週的時間安排或財務、家務和育兒等方面。

在拒絕的過程中，最難克服的是拒絕媽媽後席捲而來的罪惡感——我否定了媽媽的存在。拒絕之所以困難，原因在於因扭曲的想法所衍生的情緒並不好受。

這是在所難免的，因為我親身經歷過，媽媽把我臉上每一個不自在的神情歸都視為否定她的存在。我想問一問有同樣經歷的妳，有沒有人像妳在意媽媽的情緒一樣，在意與心疼妳的內疚、不舒服？假設答案是「沒有」，那麼「妳」就該成為那個人。

如果妳不想因為對媽媽的內疚而失去自我，請試著透過小小的拒絕，培養自己的情緒自主性。同時，也需要忍耐在過程中經歷的難受情緒。不妨試著在忍耐的過程中，對自己這樣說：

「原來我連一個小小的拒絕都這麼在意媽媽。原來媽媽和我是這麼緊密相連的。有人像我這麼擔心媽媽一樣，明白我的痛苦與努力嗎？從現在開始，我要成為理解自己的人。」

開始拒絕母親和保有自主的練習

難以拒絕的原因有很多種，請根據自身情況釐清自己無法拒絕的真實想法。我希望，各位都能試著練習培養情緒自主性。

● **首先，用文字寫下拒絕媽媽後浮現的各種念頭。**

妳可以試著用文字寫下腦海中浮現的念頭，像是「壞女兒」、「媽媽已經那麼可憐了，妳這個自私的女兒卻不肯完成她要求」。接著，想像一下如果是妳的朋友被這樣形容時，會不會有點同情這個朋友呢？

既然如此，偶爾也該同情一下自己。請用對待「好朋友」的態度，對待長久以來因為無法拒絕而苛責自己的妳。

希望妳能像和那位朋友聊天一樣，寫封信給飽受內疚折磨的自己。這麼做有助於妳消除內在對自己發出的難聽話，並且撫慰妳所承受的痛苦。

- **實在很難說出像「不要」、「不行」、「沒辦法」這種直接拒絕的話，也可以採取拖延戰術。**

在時間上感到限制與緊迫性時，往往更難拒絕，像是「馬上」、「我今晚要去妳家」。

此時，與其直接拒絕，不如稍微拖延回答的時間，例如：「之後應該沒問題，但現在有點不方便」、「等一下，我現在有插播，晚點再打給妳」、「我吃完飯再跟妳聯絡」。妳可以花點時間讓自己冷靜下來後，再想想可以如何拒絕。

●最後，請擺脫「只有我能解決」的想法。

試著想像一下最糟的情況，假如是自己絕對不可能馬上協助的情況，該如何處理需要援手的媽媽呢？請相信「就算不是由我解決，媽媽也有自主解決的能力」。

有時，也許是因為背負過度責任感的我總是第一個伸出援手，所以媽媽才會向我求助。如果我選擇收手，媽媽其實也可以得到他人的幫助，或是靠自己解決問題。

階段二：與媽媽溝通

每次見到被情緒不成熟的媽媽傷害的女兒們時，大多能發現溝通情況有個共通的特徵——沒有「明確的語言」。在這種情況下，女兒只能以情緒感染的形式接收媽媽的感受，而不是明確理解媽媽的情緒與需求。

以「情緒感染」溝通的媽媽

延珠常覺得沒辦法帶給媽媽幸福的自己，是個沒用的女兒。等長大並開始工作後，她非常努力地在經濟上滿足媽媽的各種不滿。

延珠會帶媽媽去旅行、吃美食，並且邀

請媽媽的朋友們一起出去玩。只有這種時候，她才能見到媽媽的笑容。

然而，隨著延珠步入婚姻並擁有自己的家庭後，她沒辦法再像以前一樣處處照顧媽媽。於是，媽媽又開始以氣呼呼、冷淡的態度表達她的怨氣。

延珠媽媽使用的溝通方式，正是「情緒感染」。心理學家琳賽・吉普森（Lindsay C. Gibson）在其著作《如果父母情緒不成熟：和內在父母和解，從假性孤兒邁向情感獨立的大人》[20]（*Recovering from Emotionally Immature Parents: Practical Tools to Establish Boundaries and Reclaim Your Emotional Autonomy*）中，對情緒不成熟父母做出以下說明：

> 情緒不成熟之人從不好好說出他們的感受，而是無聲地透過「情緒感染」（Emotional contagion）傳遞給你，讓你跟著不開心。（……）情

20 橡實文化出版。

緒不成熟父母希望不用他們講，你就該明白他們在想什麼。就像小孩子一樣，如果你沒猜對，他們就會又氣又惱。

延珠媽媽期望女兒可以憑直覺明白她為什麼不幸福、對什麼感到不滿並幫她解決這些問題。但對延珠來說，**不願意清楚表達自身需求的媽媽，只讓人感到窒息般的沮喪與壓力。**

不幸的是，與這種父母溝通的子女極有可能無法繼承他們的情緒語言，而不善於覺察與表達情緒的情緒溝通。此外，由於孩子必須傾注體力與精神來辨識父母的情緒，所以他們逐漸變得與自己的情緒、需求脫節。

找回用語言好好溝通的能力

如果想與這樣的媽媽好好溝通，首先得要練習與自己內在溝通的方法。當媽媽嘗試以情緒感染的方式說話時，這件事尤其重要。

（一）轉而將注意力聚焦在自己身上，並辨識內在發出的訊號。

這個時候，妳要好好觀察自己內在感受到何種情緒，以及自己的五感正在傳遞什麼樣的訊號。例如可以感受到像是「壓力很大」、「想保持距離」、「緊張」等情緒。

（二）不對情緒感染的溝通做出反應。

壓力、內疚、罪惡感、委屈、孤獨……試著自然地接受內心湧現的各種情緒。最重要的是完整感受這些情緒，而不是在情緒湧現的第一時間做出反應。

（三）聽完情緒感染的溝通後，好好聆聽內心話。

首先，看看一直以來為了理解媽媽的情緒感染並滿足她需求，而忽略的「自己的心」。唯有澈底了解自己的心，才能與媽媽進行真正的「溝通」。

（四）從自己可以表達的情緒開始，逐一使用「語言」與媽媽溝通。

聆聽自己內在發出的聲音後，有條理地向父母表達：

「媽，請直接告訴我，妳想要什麼？」

「媽，妳無緣無故發脾氣或是不看著我說話時，我真的不知道該怎麼回應。」

能否與媽媽好好溝通，取決於掌握媽媽使用情緒感染妳的那一瞬間。這時候妳需要先暫停一下，然後與自己的內在溝通。隨著和內在溝通的語言逐漸累積，慢慢就能用這種方式與媽媽溝通；而當內在的情緒語言累積到一定程度時，自然就能與媽媽進行真正的溝通。

階段三：對媽媽設定界線

何謂「界線」？情緒不成熟的父母無法控制自己的情緒，導致身邊的人受到隨意宣洩的情緒感染。換句話說，就是使他人感受相同的情緒，從而強迫對方按照其期望行動。不過，當這個對象是「媽媽」時，設定界線的過程就會變得格外困難。原因在於，一直以來與媽媽已經有了一套固定的關係模式。

「設定界線」是為了建立更好的關係，而清楚告知彼此尊重對方的「領域」。心理諮商師安・凱瑟琳（Anne Katherine）於其著作《為自己劃一道界線》[21]（*Boundaries: where you end and I begin*）中，以「保護自我完整性的限制」解釋界線的定義。

與媽媽建立關係，並不表示孩子必須放棄自己有能力處理的情感與行為的界線。無條件的服從與屈服，都屬於情緒虐待。以下提供幾個不同的例子，說明如何對媽媽設定界線的不同方式。

例一：透過表達自己的情緒，慢慢設定界線

身為職場媽媽的孝真，是由孝真媽媽幫忙帶孩子。有次，當她下班回家時，媽媽劈頭就罵了孝真一頓：「妳到底能不能用點腦做家事？」換作以前，孝真會以「媽，妳有必要講話這麼難聽嗎？」回嘴。但孝真對於出現不同反應的自己，感到十分驚訝。

「如果是以前，我們一定會大吵一架。但這次聽到那句話時，我整個人瞬間沒了力氣，就像被泡在水裡的棉花一樣。我的腦海中，忽然閃過所

有在諮商過程中與您談過的童年創傷。我癱坐在地，然後哭了。」

諮商時，孝真想起了從小經歷過的批評、謾罵，以及沒完沒了的要求與指令、壓迫，對她來說有多麼痛苦。本來以為長大就會沒事了，但當同樣的事情再度上演時，她還是非常難過。

儘管已經是個成年人，媽媽的責備依然使她心碎，同時也覺得從小就聽這些令人痛苦的話的自己很可憐。於是，孝真癱坐在媽媽面前嚎啕大哭：

「媽，我現在真的好難過。為什麼我就沒辦法從媽媽口中聽到一句『女兒，辛苦了』？難道我的人生註定不能擁有明白我有多累的媽媽嗎？我已經這麼辛苦了，還要成為連家事都做到一百分的女兒才行嗎？我真的太難過了。我覺得自己這樣活了一輩子，實在太可憐了。」

21 海鴿出版。

孝真從來不曾向媽媽談論自己的情緒，然而，她決定從現在開始表達自己的情緒，並且設定與媽媽間的界線。

像孝真一樣習慣被媽媽批評、謾罵的女兒，往往很難對媽媽設定界線。在這種情況下，**建議可以先練習直接表達自己的情緒**；即是讓媽媽知道她的行為造成孩子的痛苦，同時劃清不該踰越的界線。

孝真媽媽被女兒的反應嚇了一跳，接著又補上一句：「有必要為了這句話哭成這樣嗎？」

然而，孝真繼續藉由表達自己的感受來設定界線，她說：「媽媽說出那種話的時候，我的心都碎了」、「媽媽對我提出那種要求，讓我覺得壓力很大」。令人驚訝的是，媽媽後來像是變了另一個人一樣，開始會注意自己對孝真說的話。

例二：無論多難受，都要讓對方知道界線的重要性

幫忙照顧孫女的智妍媽媽，動不動就會斥責智妍。當智妍媽媽見到外出的孫女被蚊子咬了很多包時，她會將這一切都怪罪在智妍身上。有次，聽到智妍說要買現成的餐點回家吃時，媽媽立刻回答：「妳身為媽媽，連飯都不會做給孩子吃，怎麼好意思生小孩？太差勁了。」

智妍認為應該讓媽媽知道，雖然孩子是由媽媽幫忙照顧，但這不代表媽媽就有權責備她。過去當然也有過幾次想要設定界線的經驗，但智妍最後總是因為媽媽的威脅「我幫妳顧孩子，妳不懂得感激就算了，還對我說這種話？妳再這樣的話，我明天開始不來了」，而選擇放棄。擔心媽媽不幫忙照顧孩子會影響工作的智妍，只能繼續忍受媽媽的難聽話。

在這種情況下，由於心理主導權掌握在媽媽手上，所以就算女兒感到不舒服，也很難劃清界線。不過，智妍這次下定決心，**即使自己有所犧牲，**

也要對媽媽設定明確的界線。智妍告訴媽媽，她透過熟人介紹，找到幫忙照顧孩子的人。

「媽，我很感謝妳願意顧孩子，但我請妳幫忙也有另外給妳零用錢。如果妳這樣罵我，我真的不知道怎麼面對妳。就算我不做家事，一樣可以過得幸福快樂，拜託不要再為了這種事責備我了。請妳以後不要再對我提這件事了。」

令人訝異的是，聽完智妍這番話後，媽媽反而減少了對女兒的批評。畢竟，媽媽也不樂見因為自己說的話搞砸和女兒間的關係，或是見不到孫女、拿不到零用錢。

有時，設定界線就是得像這樣承受隨之而來的難處與不適。設定界線之所以困難，往往是因為我們仍從傷害自己的媽媽身上享受到一些好處。與其放棄這些好處，倒不如選擇忍受刺耳的話語。

例三：即使關係會因此變得疏遠，也要堅守自己的界線

敏智爸爸平常只要一喝酒，言行就會變得失控。就算敏智帶著女兒回娘家，也會在孫女面前不停說髒話的爸爸，讓敏智覺得非常不舒服。

即使不帶孫女見外公的決定讓敏智感到歉疚，但她依然堅持設定界線。自己曾因爸爸的粗言穢語而感受過的恐懼與焦慮，她絕對不可以讓孩子再有同樣的經歷。

敏智堅定地告訴爸爸：「爸，你想要喝酒沒關係，但只要我再見到你酒後飆罵髒話的樣子，我就不會再回來了。等你準備好了，再跟我聯絡吧。」

這是保護關係的最極端選擇。我們必須選擇可以保護自己的方式。如此一來，才在能建立健康關係的同時，避免創造更多情緒受害者。

「因為是女兒，所以必須理解與接受父母的一切行為」，這反而才是

在破壞關係。**我們得像管教孩子一樣，對心理不成熟的父母設定界線，讓他們知道哪些界線不該踰越。**

為彼此找出維持健康關係的安全距離吧！承受可能再次經歷的壓力與風險，並勉強維持一段關係，最終只會傷害自己。

設定界線，是接納當下想做、可以做的事

精神健康專科醫師姜恩鎬在其著作《和創傷說再見：好好哀悼，好好悲傷——佛洛伊德精神分析式的故事療癒》[22]（상처받은 나를 위한 애도 수업）中，主張「真正的自由」是精神分析的最終目標。他認為，自由即是「接納」，這種接納，不僅包括如實接受外在的限制或條件，更重要的是接納自我。

接受，也代表能更冷靜地看待自己；即是有辦法清楚分辨自己做得到與做不到、能改變與不能改變、該做與不該做的事。如此一來，便能根據這些辨別出的事項採取更加積極的人生態度。

大家之所以對與父母劃清界線感到煩惱，原因在於這麼做必須如實接受自己與父母的關係，因此才會產生沉重的心理負擔。**請明確區分能改變與不能改變的事，並且更冷靜地看待彼此間的關係。**我希望妳能記住，唯有在界線內相愛與進行情感上的交流，才能維持真正健康的關係。

22 境好出版。

透過「設限」保護母女關係

珠熙對於自己在成年後仍持續受到母親干涉感到厭倦。不久前，甚至還發生過媽媽在未經同意的情況下，替正在洗澡的珠熙接起電話，並且向對方大吼：「不要再打給珠熙了，也不准再約她！」然後掛斷電話。

感覺自己永遠逃不出媽媽手掌心的珠熙，內心十分鬱悶。過去的她總是心想著，「因為我是國中生」、「因為我是高中生」，所以才有辦法一直忍耐。可是，當見到媽媽在成年後依然試圖侵入她的生活時，珠熙逐漸按耐不住怒火。

珠熙試著向媽媽表達自己所有的憤怒與絕望。沒想到，卻換來媽媽的一句評語「為了一通電話就想和媽媽拚命的壞女兒」。單憑一通電話，就能感受珠熙一路走來的生活有多艱難。

「妳已經斷絕了我和所有朋友的往來，好不容易我總算能喘口氣、過自己的生活，難道現在妳又想切斷我的人生嗎？我到底要在媽媽身邊待到什麼時候？我一直當媽媽的朋友、媽媽的老公、媽媽的媽媽，我真的受夠了！」

珠熙的哽咽聲裡夾雜著憤恨，但那股悲痛的情緒卻突然停了下來。

「我本來正在發火，但眼淚突然就停了。我媽就這樣可憐兮兮地盯著我。看著自己媽媽那麼可憐的樣子，我覺得自己好不孝，所以再也哭不出來，也氣不下去。」

沒有任何人能夠理解她的人生有多痛苦，更糟糕的是，連她本人也無法支持自己。為了安撫媽媽因為聽了她的話而感到難受的情緒，珠熙只能隱藏自己的悲傷。

媽媽見到珠熙冷靜下來後，便開始嚷嚷著「妳怎麼可以這樣對媽媽？」、「妳知道說這種話，媽媽會有多難過嗎？怎麼連妳都這樣對我？」反倒認為女兒應該理解自己的心。對珠熙來說，眼前耍賴、鬧脾氣的媽媽，看起來就像五歲的小女孩。

對待不成熟的父母，要像對待孩子一樣

我們需要抱持著育兒般的心態，才有辦法維持與不成熟父母間的關係。換句話說，我們必須像是在哄情緒低落的孩子一樣對待父母。此時，「設限」是決定一切的關鍵。

遊戲治療學者穆斯塔卡斯（Clark E. Moustakas）曾說：「沒有設限的遊戲單元，治療不可能產生效果。」無條件接受與理解孩子的需求，反而

會阻礙孩子的心理發展。如同穆斯塔卡斯所言，沒有限制，就不會有任何治療或心靈成長。

美國專業諮商師蓋瑞・蘭爵斯（Garry Landreth）也透過著作《遊戲治療：建立關係的藝術》[23]（*Play Thera:The Art Of Relationship*），介紹了「治療設限」的概念。

他認為，存在限制的設定不只是為了阻止孩子的行為，而是需要引導孩子掌握接納的心理成長原則。設限，是學習如何處理關於動機與自覺、獨立與接納等關於需求與人際關係的基本變數。

限制不成熟父母的行為，並不是為了拒絕他們，而是為了學習接受與父母關係間存在極限的心理成長原則。

23 心理出版。

如何對孩子氣的父母設下界限

情緒不成熟的父母，會透過孩子無止境滿足自己在生活中受挫的需求與情緒——即是從情緒層面壓制孩子，藉以填補自身匱乏的需求。這種時候，我們必須像對待情緒不成熟的孩子一樣，對父母設定限制。

這不是「趕走可憐、悲慘的媽媽」，而是必須將其視為「幫助情緒像孩子一樣的媽媽成長的時機」。該怎麼對父母設下界限呢？以下我用幾個情境式狀況來說明方法：

情境　媽媽未經同意替我接電話，並對我的朋友說：「不要再打電話來了！」

理解媽媽的情緒、期望和欲望是首要關鍵。做出這種行為的媽媽，在情緒上處於不成熟的狀態，基本上就是退化回小孩的程度。

在這種狀態下，我們不該指責媽媽，也不該採取任何反擊行為。否則媽媽又會再次攻擊我們心理脆弱的部分，最終依然無法保護好自己。

此時，應該讓媽媽知道，我們認同並接受她言行背後的意義。

表達1：「媽媽是擔心我，這麼晚接了電話後又跑出門。」

接著，就是設定與表達限制，完成情緒的同理後，開始設定限制。這裡的「限制」，指的是可以具體說明希望對方避免的行為。

雖然能理解對方行為背後的情緒，但同時對這個行為設定明確限制。此外，也可以表達這種行為讓自己感受到什麼樣的情緒，藉此設定限制。

表達2：「可是，偷偷接我的電話，然後對我朋友說『不要再打電話來了』，讓我覺得很不舒服。」

最後，提出自己可以接受的方式。不要只聚焦於限制，最好是同步提出替代方案。

表達3：「媽媽可以直接向我表達妳的擔心，而不是對打電話給我的朋友大吼大叫。希望媽媽能告訴我，『時間這麼晚了，我會擔心妳接完朋友的電話跑出門』。這樣我才能明白媽媽的苦心，自然也會做出不一樣的反應。」

按照上述方法對媽媽設限，可以保護自己不被媽媽傷害。除此之外，還可以從根本上幫助因情緒不成熟、表現得宛如孩子般的媽媽。

當然了，媽媽在一時之間可能很難接受設定的限制。儘管媽媽會因此出現其他情緒，但這終究是為了讓彼此的關係變得更安全、更美好的必經過程。

以正面投射感染媽媽

這是我曾在公園看到的有趣經歷。負責打掃公園的老婦人看著被弄髒的長椅大發雷霆，邊用掃帚敲打地板邊咒罵弄髒長椅的人。

原本坐在附近的人既尷尬又慌張，紛紛離開座位。然而，一旁卻有個蹣跚學步的孩子走過來，並且笑瞇瞇地叫著老婦人：「奶奶！奶奶！」

本來惡狠狠的老婦人，一見到孩子邊喊「奶奶」邊靠近後，聲音立刻變得不一樣，溫柔地說道：「我們可愛的小公主來啦！」那張嚇人的臉龐頓時消失無蹤，換成和藹可親的老奶奶。甚至從褲子的口袋裡掏出一顆糖果放在孩子掌心，並輕輕摸了摸她的頭。

使負面情緒消失的正面投射

這一幕，讓我想起了「正面投射」的過程。「投射（projection）」一詞，經常被用作負面解釋。「投射」是不成熟的防禦機制之一，指稱使他人也感受自己難以接受的欲望或情緒的心理現象。

當一個人感覺自己充滿負面情緒時，例如：憤怒、嫉妒、偏見等，投射現象就會出現。對於自身狀態感到焦慮的人，反而對他人說：「你生氣囉？」「你是不是很嫉妒？」將自己的情緒強加於他人身上。這是試圖透過他人來化解自己內心矛盾的防禦機制。

不過，也有與此完全相反的正面投射。就像主動、單純、友好的孩子面對氣呼呼的老婦人時，她的情緒便改變了一樣。受到孩子積極正面的情緒投射後，不僅減輕了老婦人的負面情緒，更喚醒她潛在的溫柔親切。

善用正面投射：愛的翻譯機

娜英發現媽媽在情緒與語言方面，沒有從她父母身上繼承如何表達親密感的方式。有時，娜英也能感受到隱藏在媽媽言行背後的愛與擔心。但很可惜的是，媽媽的表達方式往往掩蓋了真實的本意。

儘管娜英能夠理解媽媽的本意，但只要一接近媽媽，又會被媽媽的言行傷害而感到相當痛苦。於是，娜英決定以正面投射的方式與媽媽相處。

每次與媽媽見面時，娜英都會想像自己腦中有部「愛的翻譯機」，而她會透過愛的翻譯機來聽媽媽說的話。

聽到「妳最近也變太胖了吧？」時，娜英會透過愛的翻譯機分析並回答：「媽是擔心我最近吃太多速食，對健康不好。」聽到「妳的妝怎麼化成這樣？」時，她也會回答：「媽是怕我妝太濃會傷害皮膚吧？那妳買個好一點的乳液給我～」

如此一來，便能先一步保護自己免受負面情緒波及。同時，這麼做也影響了她與媽媽的關係，母女間因此產生了正面的情感交流。

其實，媽媽的本意確實就像愛的翻譯機分析的結果。娜英媽媽會笑著說：「對，那就是我想說的」、「就像妳講的那樣，我是擔心沒錯」，以更輕鬆的方式表達自己的想法。

無論媽媽的反應多負面，娜英都在自己的內心填滿了正向與善良。久而久之，這樣的正面投射也澈底感染了媽媽。

娜英在意識到自己必須放下媽媽會主動改善關係的期待時，她當然也曾感到無力與委屈。同時也有種悲傷的感覺，「為什麼每次都只有我在努力？」然而，藉由一次次的正面投射，媽媽逐漸學會了如何與女兒進行正面溝通。

妳對媽媽有過理想或期望的模樣嗎？作為父母，先做出改變、付出努力，是再理所當然不過的事。**可是，當父母在情緒上無法覺察時，或許也**

可以由孩子先伸手拉一把，幫助他們跨過那個坎。

當他們發現跨出一步後，能與孩子一起享受更加遼闊的幸福與平靜，勢必就會渴望邁向更高的層次。甚至有一天，我們可以見到媽媽不再需要女兒的幫助，而是靠自己的努力跨出下一步。

階段四：承認媽媽的不完美

我們總是期待能透過與媽媽對話的過程，聆聽彼此的意見，並且找到雙方都可以接受的共識，展現成熟的樣貌。然而，對於傷害女兒的媽媽抱持這種期望，無疑是段困難的過程。

畢竟，這類型的媽媽早已習慣單方面的強迫與支配、控制、壓迫，而不是互相溝通。媽媽的「自我」（self）處於脆弱狀態，是她們採取這種溝通方式的原因之一。致力於藉由「自我」的概念，釐清人類心理自體—客體關係的心理專家海因茲．寇哈特主張，自我是人格的核心。

人格結構取決於自我在發展過程中的凝

聚程度。換句話說，心理健康的人，是處於自我凝聚與完整的狀態。反之，心理不健全的人，則處於自我凝聚不完整，以及脆弱、自我強度弱的狀態。

「自我」脆弱的媽媽控制女兒的原因

《回歸內在：與你的內在小孩對話》[24]（*Homecoming: reclaiming and championing your inner child*）的作者約翰・布雷蕭（John Bradshaw）形容自我是「奇蹟小孩」。他認為，這個奇蹟小孩擁有奇妙與樂觀主義、純真、依賴、感性、爽朗、自由自在、獨特、愛的特徵。

24 新自然主義出版。

這樣的自我很快就會成為人存在的核心，也可以說是我們被神（god）賦予的原始狀態。只有當人重新找回自我時，人生才會有目標，才會對自己的生活充滿活力以及自信。

情緒不成熟媽媽的自我非常脆弱，一旦她們發現「自我」是很棘手的問題，便會轉向透過女兒來彌補脆弱的自己；**她們會無意識地壓迫、控制、剝奪女兒的獨特性。在這種媽媽的認知裡，女兒發展自我的獨特性被視為對她們的威脅。**

諮商者敏周在育兒的過程中，切實感受到自己媽媽的心理狀態比孩子更幼稚。

敏周女兒因為剛滿週歲，所以走路總是跌跌撞撞的。有次，不知道撞到什麼後，摔了一跤。目睹這一幕的敏周媽媽、竟對著一歲孩子喝斥：「妳嚇死阿嬤了！」當敏周見到女兒跌倒而感到心疼、難受時，她對於媽媽居然在當下仍以自己的情緒為優先，感到十分震驚。

類似的事情不只發生一次。開始學會說話的孩子，試著替阿嬤戴上漂亮的髮夾。當敏周媽媽問：「阿嬤漂亮嗎？」結果孩子回答：「不。」敏周媽媽立刻說：「馬上給我拿下來！不漂亮幹嘛戴？」並且露出尷尬的表情。

看見這一切的敏周相當後悔，沒想到自己竟默默期待過心理年齡就像三歲孩子的媽媽能成熟地共感與同理，同時也感到一陣悲哀與心酸。

自我脆弱的人，即使面對微小的刺激也會感到威脅。因此，才會很容易對他人大吼大叫、批評，試圖從情緒層面壓制對方。原因在於，憤怒的情緒體驗會讓人覺得自己十分強悍。

內在脆弱的父母特徵

自我脆弱的媽媽，雖然為人母親，卻猶如孩子般擁有不成熟的需求。

這種人的情緒特性如下：

- 身為媽媽，卻不樂見孩子開心。
- 身為媽媽，卻無法替孩子的成長與成就感到高興。
- 明明是媽媽，卻妨礙孩子內心世界的發展。
- 明明是媽媽，卻帶給孩子痛苦，而非愛。
- 明明是媽媽，卻重視自己的需求多於孩子。

她們的自我是如此脆弱，以至於無法無條件愛一個人，也無法理解他人的情緒。因此，女兒永遠不可能真正享受母女關係。這種媽媽的行為，甚至會導致女兒的心理謬誤，認為「媽媽不愛我，是因為我不值得被愛」。

但這絕對不是因為妳不值得被愛，希望妳能記住，這是因為媽媽比妳想像中來得更脆弱與不成熟。

階段五：放棄自己期望中的「媽媽框架」

自從智秀接受了媽媽的內心世界就是個三歲孩子後，席捲而來的失落感令她十分洩氣。當智秀認為「父母沒有給我愛」時，她可以盡情地憎恨、埋怨他們，但意識到他們是「沒辦法給我愛」的事實後，她反而感到心碎。

在所有女兒的心目中，對媽媽都有期望的理想模樣。有同理心的媽媽、需要時陪伴在旁的媽媽、詢問我感受的媽媽、難過時關心我的媽媽、犯錯時支持我的媽媽……

孩子或許會認為與媽媽的關係只是短暫性的痛苦，始終期待著總有一天能從媽媽身上得到自己想要的東西，以及建立親密感。

然而，愈是面對與理解自己的痛苦，就愈清楚真相：自己期望的媽媽，根本不存在。一旦意識到自己永遠不可能擁有理想中的媽媽，隨之而來的便是強烈的失落感。

擺脫幻想中的媽媽形象

智秀始終無法放下對媽媽的期待，每當她想因為過去被傷害的事，從媽媽身上得到慰藉與關心時，智秀都會打電話給媽媽。可是，往往只會換來媽媽一句「過去的事情記這麼清楚幹嘛？無聊！」智秀承受了不下數十次期待落空的痛苦。

其實，智秀懷念的是「幻想中的媽媽」，經歷過無數挫折與失落的她，終於願意面對事實。

「我知道自己懷念的是那種電影、電視劇裡會出現的媽媽，也就是我這輩子絕對不可能擁有的媽媽。期望擁有幻想中的媽媽，最後變成對自己的傷害——我現在終於明白了。」

智秀決定不再為了擁有幻想中的媽媽而期望與失望，而是成為好好保護自己的那個人。

專門為情緒不成熟父母的子女提供個別心理治療的心理學家琳賽・吉普森，在其著作《如果父母情緒不成熟：和內在父母和解，從假性孤兒邁向情感獨立的大人》中，針對這段過程做出以下說明：

期待父母終將改變、與你建立深刻的連結，就當時的你來說是健康的；然而如今你已長大成人，放棄這些期待反而比較健康。停止希望爸媽來拯救你，你就能跟自己的情感需求連結，安穩地親近自己、親近你未來的成長、親近等著你的關係。

我認為，**當諮商者放棄對父母的期待，並且願意表達經歷的失落感與悲傷情緒時，代表這場諮商距離終點也不遠了。**

經歷失落的痛苦後，迎來心中的安穩平靜

在諮商的過程中，我發現有很多女兒都因為母女關係而飽受憂鬱症所苦，因為無法放棄媽媽而憂鬱、憤怒以及痛苦。

就像虛假的希望一樣，無止境地期待著永遠不可能得到的愛，甚至為此糾纏、爭執、要求、衝突⋯⋯。這種想要得到理想媽媽的渴望，也許就是造成我們拚了命依附著媽媽的原因。

可是，這種憂鬱最終必然演變成失落。但也唯有如此，才有辦法放下對媽媽的期待，並且找到真正的安全感。

由心理學家格林伯格（Les Greenberg）與蘇珊・強森（Sue Johnson）共同開發的情緒取向治療（Emotionally Focused Therapy, EFT），提到關於諮商者心理情緒的變化過程。

諮商者會在諮商初期抱怨全面性的痛苦，並經歷恐懼、羞恥等不適應的情緒（例如：我不值得被愛）。這種不適應的情緒，往往伴隨著對自我的負面情緒，同時也會引發內心渴望被愛的需求。

隨著持續在過程中表達自己的真實需求後，諮商者可能會在中期開始進入基於保護目的的憤怒（例如：我值得被愛），或是為自己不被愛感到憐憫。到了諮商後期，諮商者會再次經歷因過去無法得到的愛所帶來的創傷，以及悲傷情緒。

格林伯格與蘇珊・強森主張，**等到這一切的情緒過去後，諮商者會出現接納感與主體性。換句話說，諮商者起初的抱怨，將逐漸轉變成為該如何照顧自己。**

研究評估情緒意義狀態的分類量表－初期（諮商第一至五次）

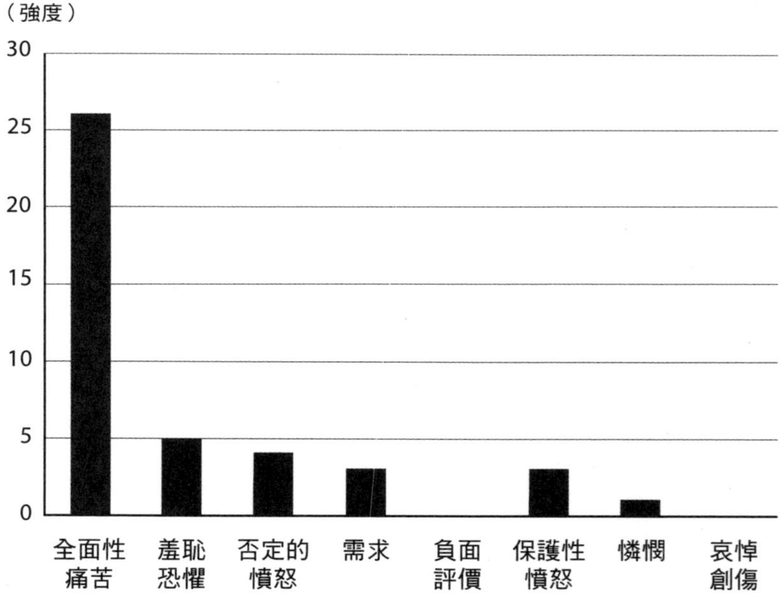

研究評估情緒意義狀態的分類量表－初期（諮商第六至十一次）

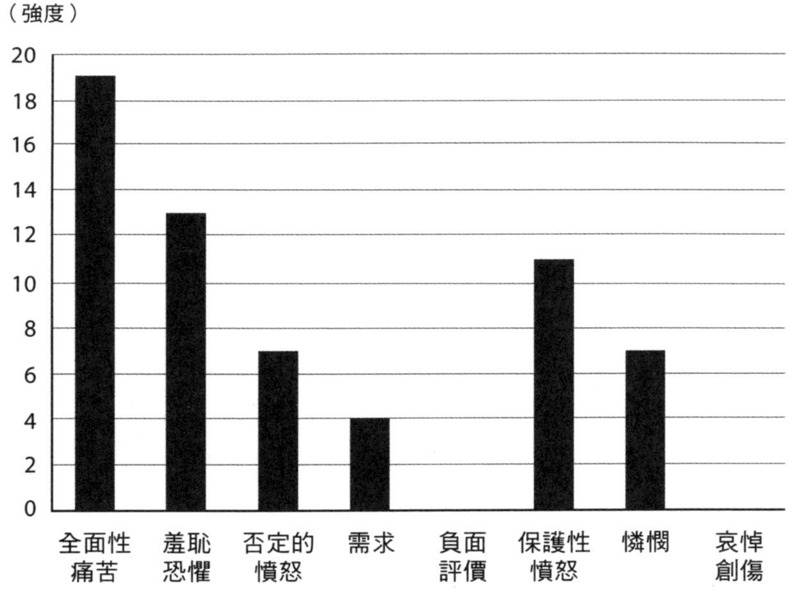

研究評估情緒意義狀態的分類量表－初期（諮商第十二至十六次）

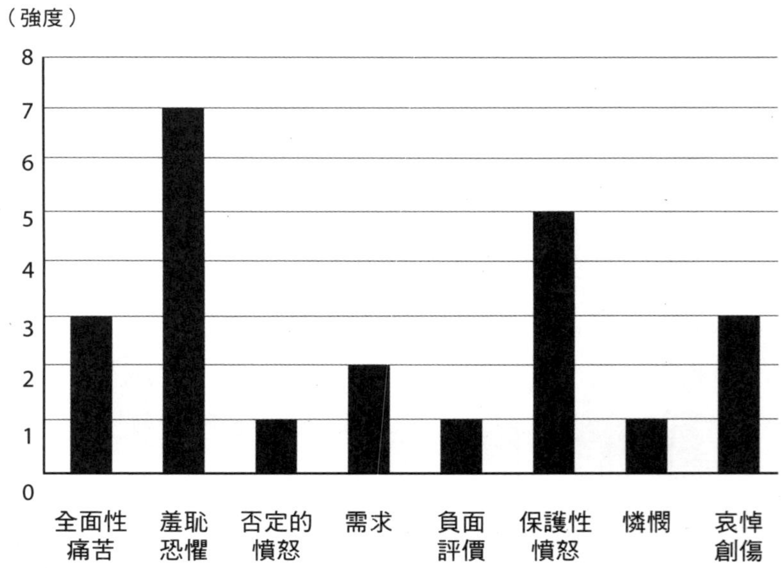

〈情緒取向治療中的情緒模式變化：案例研究調查〉，格林伯格、蘇珊・強森

從表格來看，可以得知在諮商初期，處於全面性痛苦狀態的憂鬱感最強，但隨著諮商的持續進行，會逐漸如表中所顯示出各式各樣的情緒。當人陷入痛苦的狀態時，往往沒辦法細膩地察覺自己經歷過什麼樣的情緒，但只要試著與諮商師一同檢視痛苦，自然就能理解自己的情緒變化。

到了諮商後期，諮商者會感受到哀悼的情緒。隨著自己對理想父母的需求變得愈來愈清晰，開始意識到自己不可能擁有滿足這項需求的父母後，強烈的失落感就會出現。

經歷這種失落感是非常痛苦的事，程度等同於親手送走深愛的人時所感受到的悲痛、哀傷。不願經歷這種痛苦的我們，通常會把情緒偽裝成憤怒或憂慮來表達。此時，女兒們會透過以下的方式進行表達：

「我知道不該說這種話，但我寧可從來沒有媽媽，這樣好像反而比較容易坦然接受。媽媽明明活生生就在那裡，我卻沒辦法被愛、被安慰，這個事實顯得我太悲慘、太哀傷了。」

可是，唯有經歷失落，痛苦才會真正過去。**等到失落的痛苦過去後，我們才有辦法在面對父母不完美、脆弱及無法同理的樣貌時，感覺「心如止水」**。

我們期望的夢幻媽媽，不一定非得由媽媽來滿足。其實，**人的一生會遇到很多人，他們都有可能會藉由不同方式填補妳沒辦法從媽媽身上得到的渴求**。

像是在妳遭逢困境時，願意用心理解妳的朋友或同事、丈夫、子女、社群等多樣的形式。妳的人生，正在努力地以各式各樣的樣貌填補妳的渴求，從他人、從自己，只要妳願意發現這件事就夠了。

成爲自己曾經渴望的媽媽

當諮商者走過失落感的隧道後，他們會發現自己令人驚訝的一面——那就是願意開始嘗試培養自我照顧的力量：雖然媽媽無法給我想要的愛，但我決定從今以後無條件愛自己。

無論是從媽媽或自己身上，都能發現沒有被好好照顧的內在小孩，於是決定成為自己堅強的力量。我們可以親手將「曾經渴望的媽媽」送給自己——即是透過「自我照顧」的力量。

真正的自我照顧

所謂自我照顧，指的是對自己的身體、心理、情緒、靈性、關係以及成長進行有益的活動。例如：接受心理諮商，藉此覺察與表達自己的情緒，進而擺脫精神層面的痛苦並建立安全感。

此外，在靈性層面的自我照顧，則是透過與神建造親密的關係來獲得愛，進行尋找生命意義與價值的活動。至於關係層面的自我照顧，則是向對自己造成情緒痛苦的人設定適當界線、與信任的人分享內心故事並享受彼此的親密關係。

當一個人持續接受心理諮商並哀悼自己的經歷時，飽經風霜的創傷就會開始與「自我」分離。**等到自我與創傷完全分離後，諮商者便能找到一直渴望找到的自我存在核心——也就是失去的自我。**

自我存在已經被「受傷的小孩」、「羞恥的小孩」、「內疚的小孩」

掩蓋了好久。但現在的妳，開始認為這個小孩是需要被愛的小孩、想與之分享愛的小孩，也因此產生想要好好照顧自己的欲望。

《心理治療如何處理情緒》（*Working with Emotions in Psychotherapy*）的作者格林伯格（Leslie S. Greenberg）認為，當接受心理治療的諮商者在經歷負面情緒時，有些部分值得特別關注。雖然對於發生過程的覺察很重要，但不能忽略諮商者在經過這個階段後出現的變化。

諮商者會開始思考，在令人不適的情緒襲來時，該如何採取行動來彌補受挫的需求。意即，他們會主動地讓自己成為滿足這項需求的主體。

在日常生活中，我們不可能永遠避免面對令人不適的情緒，以及刺激過往記憶的情況。此時，我們的自我會開始主動扮演滿足受挫需求與自我照顧的角色，而不是任由情緒掌握主導權。每個人自我照顧的方式可能有所不同，具體取決於各自的生活方式。

各式各樣的自我照顧方式

希榮媽媽總是很忙，甚至沒空為孩子準備一頓熱騰騰的飯菜。近來，希榮只要一見到小時候常吃的冷凍食品，她就會想起從來沒有被正視的創傷，並為此感到難過。

希榮在心疼自己的同時，也決定為自己做些什麼。她將精心烹煮的美味大醬鍋與雞蛋捲，仔細地盛進自己喜愛的碗盤中，以美食好好招待自己一番，親手送給自己一份應得的溫柔與關愛。

世恩表示，她曾在人生最孤單、難熬的時候，被斥責「妳太敏感了」、「有必要為了這點事難過？」這些話，成為世恩在情緒上長期感到寂寞的創傷。

不過，現在的世恩會在低落時寫封信給自己，以充滿關懷與諒解的文字滋養情緒。「我覺得憂鬱與悲傷是很正常的事」、「我完全感受自己的情緒」、「像這樣感受與哀悼，是為了自己好所必經的過程」，世恩透過這些話語，為自己提供完整的情緒照顧。

俞拉曾經遭受身體上的虐待。她不僅厭惡自己，也對自己的身體感到羞恥。因此，沒辦法愛護自己身體的她，經常吃不健康的食物與暴飲暴食，甚至藉由超量的工作折磨自己。

讓自己不停做出危險行為與陷入緊張狀態的俞拉，持續感受到恐懼與遭受虐待時的情緒。因此，照顧好自己的身體，就是她為了自己好做的第一件事。

她開始改變飲食習慣、選擇健康的食物，並且透過運動健身，同時也遠離會引起緊張的惡劣人際關係，努力建立舒適的關係。

在死板、保守的家庭氛圍中長大的素妍，表達喜悅與快樂的情緒經常被視為吵鬧、怪異。她曾經認為，感受快樂的情緒或盡情享受人生是種罪。

現在的她，為了將「快樂」送給自己，於是開始參與各種有興趣的活動，並且百分百允許自己在日常生活感受的喜悅與豪邁大笑。她要讓自己知道，這些東西是多麼滋潤與豐富人生。

自我照顧也是對媽媽的潛移默化

像這樣的自我照顧，正是把曾經那樣渴望的理想父母送給自己。**或許，媽媽也是因為不曾享受過這樣的人生，才沒辦法和我們一同擁有這份感受。**

當妳愈懂得如何尋找真實自我與為生活注入活力，那股能量就愈能浸染妳最親愛的媽媽。試著與媽媽分享妳體驗過的幸福與喜悅、照顧與享受，以及在悲傷時採取什麼樣的心態安慰自己。這趟尋找真實「自我」的旅程，會讓妳感受到是多麼值得的事。

不必說服任何人，只要專注在自己身上，讓妳變得幸福就好。因為，從妳身上散發的幸福與平靜，就足已以說服妳的媽媽，該如何好好照顧自己了。

第 5 章

痊癒的創傷
不會代代相傳

在孩子身上，看見自己的傷

《減壓、療傷、自癒的正念調節法》[25]（*Widen the Window: Training Your Brain and Body to Thrive During Stress and Recover from Trauma*）的作者伊莉莎白・A・史丹利（Elizabeth A. Stanley）認為，人的內心世界存在感知壓力的身心容納之窗（window of tolerance，克服外在刺激的範圍）。經歷過創傷的人，其身心容納之窗會比較容易變窄。

對於童年時期經常面對父母激烈衝突，或是受過父母生理、心理虐待的創傷的人來說，調節情緒並非易事。尤其是使用言語表達自己感受的情緒，是最困難的。這些人大多會在育兒的過程中，逐漸發現自己脆弱的一面。

創傷與育兒的關聯性

因為創傷的緣故，瑞映向來都覺得育兒是非常可怕的課題。為了避免帶給孩子代際創傷，她一直等待自己準備好的那天。直到瑞映終於覺得「現在沒事了」可以生孩子之後，卻經常發生因為情緒失控而傷害孩子的情況。

當瑞映見到孩子老是在刷牙時把含氟牙膏吞下肚時，她沒辦法控制自己的焦慮與緊張。隨著身心容納之窗變得愈來愈窄，她的情緒終於變成憤怒傾瀉。

「我說了多少遍，不要吞下去！！！！」

---

25 采實文化出版。

每當瑞映大聲咆哮時，被嚇壞的孩子總會哭喪著臉、呆呆地凝視著她好一陣子。

「我在情緒爆炸的時候，根本看不到孩子的臉。等到宣洩完了，我卻能清楚見到孩子的臉上寫滿了情緒。」

儘管瑞映在氣頭上，但她對於自己竟能在當下察覺孩子的表情，感到十分驚訝。因為在那一瞬間，她能感受到內疚、罪惡感和心疼的情緒。一感受到孩子的情緒，瑞映立刻冷靜思考了一下。她邊想著「孩子就是不懂才會那樣做，我竟然對他大吼？這顯然是我把自己的情緒宣洩在孩子身上了」，邊努力讓情緒沉澱下來。

脫離怒火的漩渦後，瑞映把孩子叫到面前坐下，然後抱著他道歉。

「媽媽大聲講話嚇到你了吧？對不起，我只是很擔心你把牙膏吞下去。」

雖然瑞映心裡很欣慰見到自己的表現和媽媽不一樣，但內心的某個角落依然有些哀傷，她回憶起自己遭受情緒虐待的童年，以及父母殘酷的態度。透過自己的孩子，瑞映聽見自己的內心小孩焦慮、渴望被理解的聲音。

「當時的我也很害怕，我也希望有人能像這樣向我道歉。我好希望有人能在意一下我的感受。我一直以為全都是我的錯，所以才那麼傷心和孤單。爸媽在吵架的時候，難道都看不見我握緊拳頭、瑟瑟地發抖嗎？」

當瑞映聽見我問「有沒有什麼話想對小時候的自己說？」後，她開始像對待自己的孩子般說道：

「那些事是爸媽的錯，因為他們不夠成熟。不是妳很奇怪，妳也不需要為此覺得歉疚。我當時來不及發現妳，但以後我會好好安慰妳。妳值得一句『對不起』，我替他們向妳道歉。我也很抱歉，這些日子都讓妳獨自一個人。」

瑞映就這樣安慰了自己好久、好久。

從育兒過程中，看見自己的過去

在心理發展過程中，孩子會以自我為中心解釋與接受發生的事。他們會把別人的行為、話語、事件與自己的存在連結起來，或是將其視為自己行為的結果。

於是，童年時期經歷過父母吵架或殘忍虐待的孩子們，往往會自責地認為「因為我不乖」、「如果我聽話」，或是「如果我再強大些，這一切就不會發生」。

孩子甚至會對自己的存在產生誤解，像是「我是沒辦法讓爸媽快樂的廢物」、「我是沒辦法保護媽媽的丟臉女兒」。父母必須即時改正這些誤解，讓孩子清楚知道「這一切不是妳的錯，是因為爸媽的無知和不成熟」。

萬一父母沒有做到這件事，那妳可以試著在教養孩子時，觀察那些讓自己崩潰的裂痕，並花點時間好好照顧自己的創傷。育兒是一個很好的機會，讓我們去發現自己的脆弱面，並且面對與照顧最深刻的創傷。

但最重要的是必須先鼓起勇氣，從最一開始崩潰的地方，以不同於過往的方式檢視自己的內心。**在妳犯錯的當下，與其責備與批評那樣的自己，不如勇敢地安慰因過去的創傷才逼不得已出現種種舉動的自己。**

瑞映不僅開始鑽研心理領域，也花了很多時間接受心理諮商。在這段過程中，她逐漸熟悉自己的脆弱，尤其是在無意間將傳承自父母的傷害轉移到孩子身上時，並接受了一件事——就像她所渴望的完美父母不存在一樣，自己也不可能成為完美父母。

世上沒有完美的媽媽，過度追求完美的執念，反而會剝奪了安慰與關懷自己的機會，我們應該學習成為「不算太糟的媽媽」。如此一來，才能在每次崩潰時，鼓起勇氣從崩潰的地方先照顧好自己，再照顧好孩子。

媽媽本身得先幸福才行

有些時候，我會因為諮商者感到無比的成就感；那就是當習慣不分青紅皂白把情緒宣洩在孩子身上的媽媽，終於在理解自己的內在世界後，改變對待孩子的方式時。

某天，浩碩媽媽帶著孩子來到諮商室。就讀幼兒園的浩碩，老是因為在與同學衝突時毆打或辱罵對方，被懲罰了很多次。最後，在幼兒園老師的建議之下，媽媽決定帶著浩碩接受心理諮商。

無法擺脫過去的媽媽

在諮商的初期，整個人緊張兮兮的浩碩

媽媽不時展現出對我的防備。隨著諮商的持續進行後，她才坦白自己從很久以前就開始虐待浩碩的事，並對此表示非常自責與後悔。

「我從來沒對任何人說過這些事。其實，我只要一生氣就會打浩碩。除了罵他，也會說些明知不該說的話。」

浩碩媽媽意識到自己的言行不該發生在孩子身上。但她也針對自己無法控制情緒，以及對孩子造成傷害的原因做出解釋。果不其然，浩碩媽媽也是情緒虐待與兒童虐待的受害者。她經歷過對孩子極為嚴厲的父母，所以下定決心絕不讓自己那樣對待孩子，也為此付出不少努力。

她在浩碩小時候讀了上百本的育兒書，也不時帶著浩碩前往文化中心上課。除了認真經營與孩子共渡的時光，也對於替孩子提供最好的飲食、教育花了很多心思。如此努力的她，總在孩子不聽話或鬧脾氣時出現「我為你付出了這麼多……」的情緒，因而壓抑不住怒火。無法控制的憤怒，最終演變成對浩碩一而再的虐待。

放下「為了孩子好」的藉口

浩碩媽媽十分自責並後悔，複製了爸媽對待自己的方式對待浩碩；連在個別諮商的時間裡，她也很難以言語表達自己的內心。

「這種時候，我該為浩碩做些什麼？」

「這種時候，我該說什麼？」

問了很多關於浩碩的問題後，她回家後會急著通通應用在浩碩身上。一旦浩碩不肯配合，她又會再度陷入憂鬱與暴怒的迴圈。

因此，我建議浩碩媽媽停止所有「為了浩碩好的行為」。原因在於，這一切的行為只會讓媽媽變得緊張，而這份緊張很快就會變成憤怒。

媽媽這些為了浩碩好的努力，另一方面卻也藏著想慰藉自己的扭曲心態。沒有為孩子做些什麼的時候，浩碩媽媽會認為自己是「沒用的人」、「糟糕的媽媽」；為了不被這些自卑的情緒淹沒，她只能更加專注於浩碩的一切。

浩碩也展現出與媽媽情緒共同體的天真模樣。當我問他「浩碩，你今天心情怎麼樣？」他會回答：「我和媽媽的心情一樣。媽媽今天心情很好。」無論浩碩正在進行多麼好玩、快樂的活動，只要一見到媽媽憂鬱的表情，他也會立刻變得憂鬱；他無法牢固地建立自己的情緒與經歷，而是處於隨時受媽媽影響的狀態。

無論是為了孩子或自己，浩碩媽媽都該面對真實的自我。當我問浩碩媽媽：

「媽媽，妳做什麼事的時候最幸福？」

「先不提浩碩，媽媽最近的心情怎麼樣？」

浩碩媽媽只是一聲不吭地哭了好久，並說她不太習慣被問到關於自己的問題。對媽媽來說，浩碩是將她從覺得自己是「廢物」的感覺拯救出來的對象，一旦這種狀態持續下去，浩碩便永遠無法過自己的人生；**因為他**

會從此被媽媽的期待與無意識的欲望箝制，終生只為了滿足「我要成為全能媽媽」的需求而活。他必須放棄真我，以假我生活，繼承代代相傳的不幸人生。

於是，浩碩媽媽決定從現在開始做些能讓自己感覺幸福的事。其實，這也是為了浩碩的心理發展必須做的事。

你對孩子的好，是他們想要的嗎？

父母很容易認為，像這樣「為了孩子好」的行為與想法就是好父母。不過，有些人卻只是沉迷在「為了孩子好的行為」，而沒有看見「孩子本身的存在」。

「這一切到底是孩子想要的，還是媽媽想要的？」

回答不了這個問題，就已經證明了孩子只是用來填補媽媽受挫需求的犧牲者。

我想說的是，**在孩子出生前，為人父母該做的不是閱讀育兒書籍，而是好好了解自己，以及充分培養為自己幸福負責的能力。**

孩子愈小，與媽媽的情緒愈是呈現一體化的狀態。**比起緊張兮兮地忙著為孩子做這個、做那個，媽媽以幸福快樂的狀態陪伴在孩子身邊，才是更好的方式。**這對孩子的情緒穩定與認知發展也會有更正面的影響。

請停止「為了孩子好」的想法，將時間與心力用來照顧身為媽媽的自己。與心靈如此富足的媽媽相處時，孩子自然能在這股富足的滋養之下茁壯成長。

媽媽和我不一樣

我曾有過因為女兒的史萊姆玩具黏在衣服上，而驚慌失措的經驗。由於史萊姆已經牢牢黏死了，所以已經沒辦法單靠蠻力清除。搜尋了各種清除史萊姆的方法後，我決定先把衣服泡進熱水試試看。

被熱水慢慢融解的史萊姆，終於開始脫離孩子的衣服。我覺得，這段過程就像逐漸剝離父母苛刻的言語和已內化的扭曲認知。

為什麼我會覺得自己沒用？

媽媽對女兒殘酷、嚴厲的批評，是導致

女兒無法愛自己的原因。媽媽的評價，最終成為女兒對自己的評價。像這樣，媽媽與女兒想法趨於一致的現象，稱為「認同作用」（identification）。

認同作用是精神分析學的用詞，是指將自己喜歡或尊敬的人的態度、價值觀、行為等內化的過程，因此行為、說話與思考方式都會在不知不覺中變得愈來愈像對方。

在解釋認同作用前，我們必須先了解「內化」的過程。有些女兒會將自己評價為「我雖然不是好女兒，但已經盡全力做到最好了」、「我是糟糕的女兒」、「我是沒用的女兒」，這種對自我的感覺，是從與最初依附的對象（照顧者）在互動中逐漸形成的，也就是所謂的「內化」。

內化過程的階段

內化過程可以分為兩個階段。

第一階段：處於「融合狀態」（Incorporation），與父母間沒有界線。與客體（如：父母）不分彼此，在人際關係裡與他人過度保持距離的人，大多對融合存在高度恐懼。

有位女兒想與他人建立親密關係，卻又怕彼此過於親近而出現逃避的念頭，搞得自己十分混亂。她從小就經常被媽媽體罰，幾乎不曾有過被父母保護的經驗。

因此，她總是在渴望有人可以善待自己的同時，又害怕與對方變得親密的恐懼。因為她會覺得就像與自己媽媽相處一樣，**會在親近時讓自己感到痛苦，或侵犯自己的安全界線。**

第二階段：「內攝過程」（Introjection）。

遭受媽媽虐待的女兒，經常聽到的話會像是「妳憑什麼？」或「像妳這種人能做什麼？」起初聽到這些話時，大多認為只是媽媽的氣話。**可是，當這個過程重複發生後，「像妳這種人能做什麼？」就會變成自己的聲音。**

每當想要挑戰、突破的瞬間，這個聲音就會影響我們的選擇與行為。持續處於這種狀態，最後就會變成自己的性格，甚至開始苛待自己，而不是愛自己。

受傷的女兒需要治療

自我批判與嚴厲的態度，就這樣在受傷女兒的內心逐漸融解；女兒感覺自己就像被史萊姆沾黏的衣服，再也沒有用處了。隨著諮商的持續進行，就會發現那些尖酸刻薄的話，反映的是媽媽與整個家庭氣氛的聲音。諮商師提供令人安心的治療，就像使用溫暖的水沖洗那些牢牢黏著的想法。女兒會從中覺察自己的真實情緒，並赤裸裸地面對媽媽對待自己的態度。

如果想清除史萊姆，首先得要知道它黏在衣服的哪個位置。同理，**當女兒開始面對媽媽的態度時，對媽媽的認同也會隨之剝離。**

「我當時只是希望從媽媽口中聽到一句『妳一定很難過吧？』但每次換來的卻都是『那是妳自己有問題』。我真的好孤單、好委屈，好像通通都是我的錯一樣。」

在分離的過程中，我們會從覺察自己想聽的話、自己渴望的需求與情緒中，開始找回「我」的感受。因此，**開始停止認為自己是沒用的人，擺脫被父母的批評淹沒的狀態，逐漸產生「我」想愛、想被愛的自覺。**

透過這種方式找回自我，並開創邁向愛的新途徑。即使沒有接受諮商，也可以向值得信任的人（如：好友）慢慢講述自己的故事，體驗這段過程。

無論妳是什麼模樣，對父母來說都不可能是糟糕的存在。單純因為妳是女兒，就理應被愛、被理解，這件事本身並不自私，也不必認為這會讓父母為難。

我們之所以認為自己毫無價值，只是因為有人曾經用那樣的眼光評價我們。妳的真實自我，一直都是希望成為媽媽後盾的女兒，成為讓父母感到幸福的女兒。

於是，太愛媽媽的妳才會拚了命想滿足媽媽的需求。不如先了解自己內心深處的真實想法吧？我希望妳能記住，這是擺脫媽媽的影響並開始愛自己的第一步。

首先，面對過去的自己

希善長久以來都沒有意識到自己是「情緒虐待犧牲者」的事實，直到婚後開始育兒時，才在心理狀態崩潰的情況下，前往諮商所求助。

在教養孩子的過程中，驚覺「原來的我」與「身為母親的我」之間的差距之大，使她陷入混亂。一來是因為育兒實在太辛苦了，二來則是她無法理解自己討厭孩子的心態，所以才開始了第一次諮商。

經過諮商後，希善發現孩子最讓她感到沉重的瞬間，正是她不得不面對自己內心痛苦創傷的時刻，她試著透過與孩子的關係，來面對自己童年時期的真實經歷。

和媽媽小時候截然不同的女兒

希善生孩子前，是在社會上受人肯定的職場女強人。總是充滿自信的她，同時也是個相當自律的人，向來是眾人羨慕的對象。

她的婚姻生活也很順利。當孩子仍是嬰兒時，她經常覺得自己好幸福。對希善來說，在這個階段照顧與教養孩子並不難。可是，等到女兒上小學後，面對老是違背媽媽意願獨立行動的孩子時，希善卻澈底崩潰了。

當女兒不聽話時，希善多次因為竄湧而上的怒火對孩子咆哮；她甚至在孩子以頂嘴、狡辯的方式表達自己的需求時，出現討厭女兒的情緒。

希善說，她覺得自己就像變了一個人，理智上知道自己不該這麼做，但只要一見到女兒，又會忍不住做出情緒性的反應。當下的她，彷彿也變成了小學生在和女兒吵架。

希善的女兒和小時候的希善非常不一樣，女兒是很有主見，且表達能力豐富的孩子；不僅情緒細膩敏感，也懂得如何明確表達與主張自己的情感需求。

對希善的女兒來說，媽媽是「我可以放心表達所有情緒並值得信任的對象」。這份信任，讓她認為表達自身需求是安全的。因此，女兒會盡情向媽媽提出需求、表達想法，甚至拒絕媽媽。

相反，在希善的記憶裡，自己從小就是又乖又聽話。陪伴與安慰被爸爸折磨得身心俱疲的媽媽身邊，就是她在家裡扮演的角色。她總是很努力安撫媽媽的情緒，小腦袋瓜裡只有「這是媽媽想要的嗎？」、「我這麼做，媽媽會開心嗎？」是無論做什麼都會先想到媽媽的女兒。

只要看著媽媽幸福，希善就會覺得幸福，所以她的一舉一動都會考量媽媽期望的方式。**於是，她愈來愈難識別自己的情緒，也感受不到自己真正的需求。**

希善說，她甚至忘記自己有過這段過往。不過，希善的內心給了她信號。當她開始養育第一個孩子時，希善便下定決心「我要把她培養成主動表達的孩子，不要變得和我一樣」。因此，她很認真傾聽孩子的想法與情緒。

希善不否認女兒現在的模樣，就是她所期望的女兒。可是，只要一見到女兒堅持自我主張的樣子，就會讓她覺得不舒服，甚至感到威脅性。**這種情緒源於她過去的心理創傷——強迫壓抑自己的情緒與需求。**那些傷痕，導致希善內心深處真正的渴望是像她一樣「順從媽媽」的女兒。

理解自我之後，才能終結創傷遺傳

父母很容易將第一個孩子視為「自己的延伸」，而不是「子女」本身；對他們來說，這是可以修補內心匱乏的對象。一旦這種匱乏的程度太過強烈，很容易就會出現無條件允許孩子要求的錯誤教養態度——因為爸媽會不自覺地想彌補自己失去的一切。

希善是整個家族第一個嘗試終結代代相傳的情感截斷（emotional cutoff）[26]的人。她決定直視內在的不適與痛苦，而不是選擇迴避。終於，希善逐漸釋放了小時候必須麻痺自己的情感所帶來的痛苦。

以前，希善對於表達自己的情緒與需求感到恐懼，她害怕到彷彿媽媽會因此死去。然而，現在的希善卻能感受到女兒對她的信任，也對此十分感激。

「原來我女兒和我不一樣……我一直很怕誠實按照情緒向媽媽提出要求，她會死掉。因為媽媽看起來真的太痛苦了。我很感謝女兒願意相信我，和我完全不一樣。但我也不知道自己想滿足孩子的所有需求會出現問題，只是覺得拒絕孩子的話，我會很心痛，所以才沒辦法幫助孩子調節她面對需求的方式。」

透過孩子，希善重新觸碰了自己的童年創傷並與之交流。同時，當女兒過度堅持自我主張時，她也會適度設限，開始懂得如何引導孩子走向正確的路，因為她已經明白，這麼做並不是壓抑或控制孩子。

唯有面對自己內心的問題與創傷，妳才能同理孩子發出哀嚎的痛苦。**假如妳不曾看見自己的痛苦，就會很難分辨自己對孩子的態度究竟是不是情緒虐待或無理要求。**此外，也很容易將有助於孩子成長的拒絕與限制曲解為傷害。

家庭治療師哈爾．朗克爾（Hal Edward Runkel）認為，父母對自我的理解是教養孩子時的關鍵。我們無法改變過去，無法將痛苦萬分的童年經歷變不見，不過，有件事我們一定做得到，那就是改變自己。只要下定決心，把過去創傷的根源拉到意識層面就好。

26 意指個體脫離對家庭的控制或依賴，開始尋求獨立。

此時，最重要的就是保護其他健康的「根」不要受到生病的「根」影響——要做到這一點，就是要好好檢視自己與根源（也就是媽媽）的關係。如此一來，妳就不會再受到因創傷而埋藏的壓抑情緒與需求驅使。我們可以對自己負責，並且充分體驗情緒與選擇行為。

當然了，這段過程極為艱難；不過，只要跨越這段過程，我們就能遇見真正的自己。從此不再以扭曲的方式向所愛的人表達傷痕累累的情緒，澈底擺脫背負代際創傷的人生。

學會療癒自己、不傷害孩子的愛

兒童創傷研究專家兼精神醫學教授布魯斯·D·培理在其著作《你發生過什麼事：關於創傷如何影響大腦與行為，以及我們能如何療癒自己》中，對愛的定義如下：

對新生兒而言，愛就是行動。父親或母親可能真的很愛孩子，但假使只是坐在電腦前面，在社交網站上發文寫自己有多愛孩子，同時卻任由寶寶在另一個房間沒人管，孩子醒來，餓了，哭泣，他仍然沒有體驗到愛。對嬰兒而言，皮膚接觸的溫暖，父母身上的氣味，照顧者的樣子與聲音，用心關愛、勤於回應的照顧者所做的事——這些將成為愛。

只要稍微滑一滑社群軟體，便能見到不少人高談闊論自己有多愛孩子、多認真投入孩子的教育。但正如布魯斯．D．培理所言，正因為妳「為了孩子煩惱」，所以才沒辦法好好在當下與孩子分享愛。

當媽媽在為孩子買衣服，聽到身旁傳來一句「媽媽陪我玩」時，千萬不可以回答「等一下，沒看到我在幫你挑衣服嗎？你先自己玩」，因為這句話，可能會讓妳錯過該分享愛的機會。做再多為了孩子好的事，也比不上與孩子好好分享愛的時光。

怎麼去愛孩子，是需要學習的

如果一個人缺乏來自媽媽無條件的愛，那麼有時候就需要憑藉著意志去學習「愛」。明白什麼是愛以及如何分享愛，都是極為困難的課題。儘管如此，我們依然得解開這道難題。如同我在前面不斷重複強調的，人很容易將自己經歷過的關係模式誤認為「愛」。

如果從媽媽身上經歷的多是干涉、控制，而不是正面的互動，那麼這一切就很容易在「愛」的美名之下不斷重演。然而，當一個人過度抗拒媽媽對自己的干涉與控制時，可能也會導致另一種極端的錯誤育兒方式——對自己孩子提出的需求無限寬容與接受。

於是，受傷女兒們往往又會以各自的方式將創傷代代相傳給自己的女兒。例如：有過媽媽忙得沒空陪伴經歷的女兒，卻在自己成為媽媽後變成工作狂。以「為了孩子賺錢」為名，將孩子被忽視的孤單情緒代代相傳。

經常遭受體罰與情緒虐待的女兒，下定決心絕不成為像媽媽一樣的人。因此，她過度滿足女兒的需求、給予女兒過度的愛，最終導致孩子的發展與情緒出現問題。我們既以某種方式將自己繼承的東西傳承下去，又為了不要代代相傳反而在一舉一動間影響著孩子。

日常的瞬間，就是孩子記憶中的愛

拙於愛與被愛的父母，往往習慣用活動取代愛。平時沒有花時間好好陪伴孩子的他們，只有在特定日子才會去些熱門的咖啡廳、做有趣的活動；甚至連到了現場，也只顧著拍照。

舉例來說，有名孩子在公園開玩具車，於是媽媽開始用相機替孩子拍照；但最後，孩子只是面無表情地繞了幾圈就下車。

假如媽媽可以與在玩具車上的孩子用眼神交流，並對孩子的情緒做出反應，孩子是不是會玩得比較開心呢？如此一來，孩子也更能接收到媽媽的愛。

我在進行諮商的過程中聽過許多故事，但諮商者回想起被父母愛的畫面時，往往不是和父母去過的人氣景點，反而都是像這樣的平凡日常：

關於吃完晚餐後，一起看星星的回憶；在我最難過的時候，媽媽握著我的手；和媽媽大聊趣事，然後一起笑到不行；關於生日那天，一起吃蛋糕的回憶；關於用自己的臉磨蹭媽媽臉頰的回憶；關於媽媽邊輕拍我的屁股，邊說「妳這個小懶蟲」的回憶。

在日常生活中感受「被愛」的瞬間，不是收到昂貴的禮物或前往知名打卡熱點，而是一個簡單的眼神、一句普通的對話或是一段有來有往的聊天。短暫又瑣碎的瞬間，累積成為我們及子女體驗父母的愛的經歷。

唯有與對方「專注當下」，才能與愛連結

既然如此，有什麼關鍵因素能幫助諮商者透過諮商重新愛自己、改善症狀，並且獲得活下去的力量呢？許多研究都指出「治療關係」就是解答。

各門各派的心理治療技巧與理論，並不能保證心理諮商的效果；甚至還有研究報告顯示，理論與技巧為諮商者帶來心理正向變化的影響力極小。反而是諮商者與諮商師的關係，以及治療師與諮商者一起「存在」的當下，才會產生治療的力量。

「人本諮商」（Person-Centered Therapy）的創始者卡爾·羅傑斯（Carl Ranson Rogers）強調，促使諮商者成長的真誠一致、無條件接納、同理心非常重要。此外，在羅傑斯離世後出版的著作中，更將「存在」列為改變諮商者最關鍵的核心：

> 我認為，自己在過去的著作裡過度強調三個基本條件（真誠一致、無條件接納、同理心）。除此之外，還有一個最重要的治療條件，那就是治療師本身存在的時候。[27]

治療師與諮商者見面時，本身也必須以透明的狀態存在才行。如此一來，治療師才能在諮商者的想法與情緒之外，進一步感受與他們的身體反應與精神層面接觸的體驗。這就是存在。

此時，治療師能識別諮商者感受的情緒，並且藉由感覺理解他們的痛苦。當治療師與諮商者一起存在並分享同件事時，諮商者會因此得到安全感。當下感受到安全感的這件事本身，即具有治療效果。

這點也驗證了「唯有父母在完全透明的狀態下，專注於孩子身上並投入百分百關心時，孩子才有辦法感受父母的愛」的觀點。**當孩子與父母一起存在並感受到彼此連結的當下，將成為孩子確立自我存在的瞬間。**

---

27 《存在之道：人本心理學家卡爾．羅傑斯談關係、心靈與明日的世界》（*A WAY OF BEING: The Founder of the Human Potential Movement Looks Back on a Distinguished Career*），心靈工坊出版。

不擅於愛與被愛的我們，總是忙著思考與尋找某些東西來替代愛。為了愛，我們必須學習愛。我認為，把這些關於愛的方法與技巧應用在孩子身上前，必須先應用在自己身上。

請在閱讀下列問題後，試著闔上雙眼思考一下。接著，把腦海中的想法寫下來。如果一下子想不出要寫什麼的話，我希望妳可以每天花點時間想一想。

▼如果媽媽能用我最想要的方式對我說話與行動，會是什麼樣的畫面？

▼我最希望從媽媽口中聽到什麼話？

▼我在什麼時候最需要媽媽？

偶爾觀察一下在路上露出快樂笑容的孩子，然後想一想「那些孩子們究竟和媽媽度過了哪些時光才能笑得那麼快樂？」這些瞬間，就是我們學習愛的存在，以及愛的技巧的過程。

結語——

和媽媽好好相愛的方法

雖然她是一個會傷人、說難聽話，甚至在重要時刻只顧著自己的媽媽，但女兒永遠都夢想著能和那樣的媽媽過著充滿愛與親密感的生活。

或許，正是因為這種如同單戀般令人心碎的愛，女兒們才為了媽媽而感到更難過。我們對於提起受傷的故事感到恐懼，也不敢窺視內心因受傷而潰爛之處——只因為好害怕「萬一我開始感受媽媽帶給我的傷痛，是不是就會永遠失去她？」

對女兒來說，「媽媽」既是放不下的愛，也是無法割捨的情。媽媽大概是在無形中意識到這個事實，所以才會試圖透過傷害女兒來滿足自己的需求。

首先得讓內心變得強大

只要我們的內心變得穩固，那麼即使面對「存在極限的媽媽」也不會太失望——自然而然就能像理解自己的不完美一樣，理解媽媽不完美的模樣。**我們會明白，人本身的缺陷與彼此分享愛的能力是可以共存的。**

媽媽想要的東西，我可能不想要；媽媽的願望，我可能無法替她達成。唯有當妳願意接受這個事實，才能在某種程度上與媽媽建立充滿親密感、連結、溫暖以及滿足感的關係。像這樣填補彼此的不完美，形成成熟的人際關係才會變得可能。

「媽媽」這個存在之所以如此笨手笨腳，也許就是為了培養我們愛的能力吧？所謂愛，是妳明知道得不到卻依然去愛、是妳明知道會遍體鱗傷卻依然去愛、是妳不埋怨並接受對方或自己的能力存在極限、是妳願意理解對方真正的想法。

接受媽媽存在極限，就像面對成為媽媽的自己存在極限一樣。於是，即使不時發現自己身上出現那些不想與媽媽相像的部分，我們也能理解並接納真實的自己。如此一來，也才終於可以拼湊出人生的豐富樣貌。

在愛中充實心靈

即使自己不曾得到過想要的愛，我們依然可以把愛給予自己的孩子或所愛的人。主張「愛就是行動」的布魯斯．D．培理博士，也透過大腦與神經科學的理論說明這個部分——

如果從來沒有被愛過，那麼，大腦中讓人類去愛的神經網路就會欠缺發展。幸好只要多加使用、多多練習，就可以產生這些能力。只要給予愛，就能讓沒有感受過愛的人學會去愛。

在愛自己女兒的過程中，漸漸充實了我曾經因為沒有被填滿而空虛的心靈。再加上，當我給予女兒自己過去沒能得到的愛時，隨之產生的自豪感與能力感，也使我更加樂於享受與分享愛。

身為受傷的女兒，一路走來的人生並不只是勉強熬過來的「倖存者」。**經歷過創傷後，妳光是以更加強韌的模樣存在，都足以撫慰那些與妳背負著同樣痛苦的人，也送給自己一份名為「自豪」的禮物。**

孩子在我們的愛中受到滋養，於是他們的人生懂得享受與分享愛是如此自然。這一切，將從妳閱讀這本書並下定決心的那一刻開始。

富能量 127

女兒心上名為媽媽的傷口

清理女兒們焦慮的引爆點，不負疚、不虧欠，終結創傷遺傳的關係修復提案

作　　者：盧恩惠
譯　　者：王品涵
責任編輯：賴秉薇
文字協力：楊心怡 I Amber_Editor_Studio
封面設計：BIANCO TSAI
內文設計、排版：王氏研創藝術有限公司

總 編 輯：林麗文
主　　編：高佩琳、賴秉薇、蕭歆儀、林宥彤
執行編輯：林靜莉
行銷總監：祝子慧
行銷經理：林彥伶

出　　版：幸福文化／遠足文化事業股份有限公司
地　　址：231 新北市新店區民權路 108-3 號 8 樓
粉 絲 團：https://www.facebook.com/happinessnbooks
電　　話：（02）2218-1417
傳　　真：（02）2218-8057

發　　行：遠足文化事業股份有限公司（讀書共和國出版集團）
地　　址：231 新北市新店區民權路 108-2 號 9 樓
電　　話：（02）2218-1417
傳　　真：（02）2218-8057
電　　郵：service@bookrep.com.tw
郵撥帳號：19504465
客服電話：0800-221-029
網　　址：www.bookrep.com.tw
法律顧問：華洋法律事務所蘇文生律師
印　　製：呈靖彩藝有限公司

初版一刷：2025 年 3 月
初版三刷：2025 年 10 月
定　　價：380 元

國家圖書館出版品預行編目 (CIP) 資料

女兒心上名為媽媽的傷口：清理女兒們焦慮的引爆點，不負疚、不虧欠，終結創傷遺傳的關係修復提案／ 盧恩惠著；王品涵譯. -- 初版. -- 新北市：幸福文化出版：遠足文化事業股份有限公司發行，2025.03
面；　公分
ISBN 978-626-7532-98-0(平裝)

1.CST: 家庭關係 2.CST: 親子關係

544.1　　114000883